신토불이 신학 논고

神土不二 神學 論考

# 신토불이 신학 논고

2013년 7월 25일 초판 인쇄
2013년 7월 30일 초판 발행

지은이 | 한숭홍
펴낸이 | 이찬규
펴낸곳 | 북코리아
등록번호 | 제03-01240호
주소 | 462-807 경기도 성남시 중원구 상대원동 146-8
우림2차 A동 1007호
전화 | 02-704-7840
팩스 | 02-704-7848
이메일 | sunhaksa@korea.com
홈페이지 | www.bookorea.co.kr
ISBN | 978-89-6324-211-8 (93230)

값 13,500원


* 이 도서의 국립중앙도서관 출판시도서목록(CIP)은 서지정보유통지원시스템 홈페이지(http://seoji.nl.go.kr)와 국가자료공동목록시스템(http://www.nl.go.kr/kolisnet)에서 이용하실 수 있습니다.(CIP제어번호: CIP2013012377)

# 신토불이
# 신학 논고

## 神土不二
## 神學 論考

한숭홍 지음

북코리아

# A TREATISE ON THE **SINTOBUL'YI** THEOLOGY

SOONG-HONG HAN, Dr. phil.
(Professor Emeritus in PCTS)

SEOUL
THE BOOKOREA PRESS
2013

# 머리말

땅은 천 · 지 · 인을 내포(內包, connotation)하고 있는
'존재적 상징(the ontic symbol)'이며, 동시에
천 · 지 · 인 간의 관계가 부단히 외연(外延, denotation)되고 있는
'존재론적 실체(the ontological substance)'다.

— 한숭홍, "한국 기독교사, 어떻게 읽을 것인가?" 2009

신학 2000년사는 신학에 결합되어 그것을 규정하는 개념들로 점철된 역사였다. 20세기 중엽까지만 해도 '신학은 ~다.'라거나 '~신학' 등등 술어 부분이 신학을 개성화해왔으나 지금은 세계 신학계를 이끌어갈 수 있는 술어들마저 고갈되었기 때문에 세계적인 신학의 창출을 기대할 수 없게 되었다. 심지어 마르틴 루터(Martin Luther) 이후 개신교 신학의 1번지로서 세계 신학계를 창도(唱導)하곤 했던 독일에서조차 이제는 더 이상 독창적인 신학을 만들어내지 못하고 있다. 한마디로 지금 우리는 신학부재의 시대에 살고 있다.[1]

대다수의 신학자들은 신학을 '(*theos+logos*) → *theologia*'라고 정의한다. 그러나 나는 사도 바울로부터 판넨베르크(W. Pannenberg)에

1) 한숭홍, "신토불이 신학(神土不二 神學)," 『제488주년 종교개혁기념학술강좌』 (2005년 10월 26일 장신대 총학생회 주관 주제강연 자료집), pp. 25-29 참조.

이르기까지 거의 모든 신학자들이 '신학의 원형(原形)'을 추구하기보다는 신이 인간이 된 성육신 중심의 신학이나 인간이 신에게 접근하는 방법론 중심의 신학으로 *theologia*라는 개념을 사용해 왔던 것에 문제가 있다고 생각한다. 이것은 지금까지 신학이 신학적이라고 했던 것이 모순적이라는 것, 그리고 그 모순까지도 역설적이었다는 것을 의미한다.

이 논고는 2부로 구성되어 있다. 1부에서는 학문으로서의 신학이 신학적이지 못했던 원인을 역사적으로 추적하며 분석 · 비판한 후 "신토불이 신학(神土不二 神學, the Sintobul'yi theology)"이 신학의 원형인 점을 구명(究明)할 것이고,[2] 2부에서는 신, 그리스도, 성령 및 교회를 신토불이 신학에 근거하여 개진할 것이다.

---

2) 1994년 10월 28일은 "신토불이 신학(神土不二 神學)"이란 학명이 신학계에 고유상표로 등록된 때이다. 나는 "한국 토착화 신학의 현주소"(『침신대학보』, 1994. 10. 28, 2면)라는 논문에서 "신토불이 신학"이라는 용어를 처음 사용했다. 이 신학에 대하여 김광식 교수는 1995년 5월 15일 발행된 『조직신학논총』(제1집)에서 "신토불이는 神土不二로 표시한다. 하느님과 땅이 둘이 아니라는 것은 기상천외한 발상이다" (Ibid., p. 132) 라고 평했다.

# CONTENTS

# CONTENTS

## 일러두기

1. 이 원고는「한국문화신학회」특별청탁으로 집필되었으며, 2009년 11월 14일 학회 정기 학술세미나 때 발표된 원고를 정리한 것이다.
2. "神土不二 神學(the Sintobul'yi theology)"은 새로운 학명이다. 그러므로 이 저서에는 신토불이 신학을 정립하는 데 필요한 학술용어들과 특수한 개념들이 많이 소개되어 있다. 독자들의 이해를 돕기 위해 필자가 신조한 학술용어들은 서양어로도 표기했다.

# I 神土不二 神學 論考

# 신학의 자기비판적 성찰

# 1장
# 신학의 자기모순

## 1. 신학의 문제

신학은 복음의 내용에 관한 문제와 이를 어떻게 선포할 것인가하는 방법에 관한 문제에 따라 다양화된다. 복음의 내용은 예수 그리스도이고, 이를 선포하는 방법은 케리그마(*Kerygma*)라는 것이 신학자들의 대체적인 견해다. 케리그마를 예수에 관해 고지한 내용이나 복음으로, 또는 복음의 정수(精髓)나 복음의 소리로 이해 · 사용하기도 한다. 어쨌든 신학은 복음이 복음답게 선포되었는가하는 문제와 깊이 관련되어 있다.

## 2. 신학의 효시로서의 로고스 신학

요한복음의 저자는 복음의 내용인 예수 그리스도를 로고스(*Logos*), 즉 "말씀"이라고 표현했다(요 1:1). 그는 로고스를 태초부터 "하나님과 함께" 있었던 존재이며, "하나님"이며, 창조의 원인이며, "참빛"이며, "말씀이 육신이 된" 실재이며, "하나님의 독생자"이며, "은혜와 진리"를 베푸는 예수 그리스도로서 기독교 진리의 근본을 이루고 있는 신학의 핵심개념으로 이해한 것이다(요 1:1-18). 이처럼 요한복음의 저자는 로고스를 성부(요 1:1), 성자(요 1:14), 성령(요 1:1-5)의 삼위일체 신 자체이며, 존재의 근원(요 1:3)이라고 주장했다. 이에 근거하여 그는 기독론을 역설했다. 그러므로 그의 신학은 로고스의 화신(化身)에 역점을 둔 '로고스 신학'이다. 그러나 로고스는 처음부터 '신에 관한 말씀(Rede von Gott)', '말씀이 육신이 된 사건'의 중심주제가 되지 못했다. 요한복음의 저자를 비롯해서 그 뒤를 이어 활동했던 거의 모든 신학자들이 로고스라는 개념을 이성(理性)이며 법칙(法則)이라는 의미로 사용했기 때문이다. 아마도 저들은 고대 그리스 철학자들이 우주의 이성이나 법칙으로 이해했던 로고스라는 개념으로 말씀이 육신이 된 사건을 신학화하는 데 언어적 혼동이나 문화융합 과정상의 괴리를 겪었는지도 모른다.

나는 요한복음의 저자가 한편으로는 예수의 기독교가 유대교의 아류(亞流)라거나 그 뿌리에서 변형된 것이라는 오해를 불식시키기 위하여, 다른 한편으로는 예수의 기독교를 세계화하기 위하여 의도적으로 그리스 철학을 도입했고, 이로써 자신이 공관복음의 저자들과 차별화된다는 점을 극명하게 드러내려 했다고 본다. 공관복음의 저자들은 예수의 기독교를 유대 민족종교로 향토화하려 했고, 요한복음의 저자는 예수의 기독교를 그 당시의 시대정신으로 세계화하려 했다.

기독교가 세계화되면서 기독교는 더 이상 나사렛의 종교로서 안주하지 않았다. 기독교의 세계화는 곧 기독교 신앙을 뒷받침할 신학을 필요로 하게 되었고, 따라서 초대 신학자들은 요한복음의 로고스 신학에서 그 원류를 모색하려 했다. 이런 의미 맥락에서 나는 요한복음을 기독교 신학의 효시(嚆矢)로 간주한다. 그러나 로고스 신학으로 신학을 세계화하면서 신학은 야훼신앙(Yahwism)과 그리스 철학이 가미된 혼합주의 종교학으로 변질되기 시작했다.

## 3. 기독론의 문제

사도 시대에서 속사도 시대로 넘어오면서 신학의 거대담론은 기독론이었다. 이것은 우연한 일이 아니었다. 속사도 시대 교부들은 그리스 문화와 로마 문명의 영향권에서 활동했기 때문에 그리스 철학으로 신학을 정립하기 시작했고, 로마 제국의 법과 제도를 본받아 기독교를 조직화하기 시작했다.

속사도 시대 이후 신학은 사실상 교부들에 의해 체계적으로 이론화되어갔다. 저들의 주장이나 결의들이 정통교리로 규범화되면서 기독교 신학은 '탈케리그마화된(entkerygmatisierte)' 종교학으로 급조되기 시작했다. 이 과정을 거치면서 복음은 점점 본질 그 자체에서 멀어져 신학자들의 개인적 사상에 입각한 화두 정도의 의미만 갖게 되었다. 그리고 저들에 의해 주장되고 결의된 내용들은 교회의 정통교리로 수용되면서 절대화되었다. 이렇게 되면서 기독교는 복음의 내용에 대한 신앙보다는 신학자들의 해설과 이론에 대한 이해에 역점을 두는 종교로 만들어져갔다.

## 4. 미시적 신학에서 거시적 신학으로

신학 2000년사에 족적을 남긴 위대한 신학자들 중 대다수는 기독교가 '계시된 종교'라는 사실에만 초점을 맞추었기 때문에 기독교가 '인간에 의해 만들어지며 형성되어가고 있는 종교'라는 역사적 사실에는 접근조차 하기를 꺼렸다. 어쩌면 저들은 거인(巨人)의 모습을 한 신학자들이었지만 실제로는 눈앞에 펼쳐진 정글 속의 수목에만 정신이 팔린 신학자들이었는지도 모른다. 한마디로 저들이 정글 자체를 볼 수 없을 정도였다는 것은 저들의 신학이 목전(目前)의 가시권을 벗어나지 못했다는 것을 의미한다. 그 이유는 무엇인가?

신학의 생성기에서 20세기에 이르기까지 거의 모든 신학자들은 교회의 울타리 안에서 신학을 했기 때문에 신학함의 또 다른 가능성을 상상조차 할 수 없었다. 저들에게서는 *theologia*를 거시적으로 구조화하려는 본능은 물론 그렇게 할 수 있는 기능마저도 찾아볼 수 없었다. 그 결과 저들의 신학함은 "미시적 신학(*micro*–theology)"의 한계를 결코 뛰어넘을 수 없게 되었다.[1] 한마디로 저들은 교회의 기호에 맞는 신학, 교회를 위한 신학, 교회에 의해 정설로 받아들여질 수 있는 신학은 창출했지만, "원신학(Urtheologie)"에는 접근조차 하지 못했다. 엄밀히 말해서 모든 신학은 교회를 위한 신학이다. 교회에 불필요하거나 교회와 무관한 신학이란 있을 수 없다. 그러나 *theologia*를 기독론 중심으로만 해석하며 이론화하는 것은 신학의 오류이며 편협성이다. 그러므로 신학을 제대로 하기 위해서는 신학함의 내용과 방법을 창조주(*Creator*)와 피조물(*Creatura*) 간의 상호관계의 관점에서 거시적으로 구조화할 수 있어야 한다. 참신학은 교회 교의학의 한계를 초월한 상황에서만 가능하다. 그러나 신학 2000년사를 빛냈던 거의 모든 신학자들은 교회 안에서 교회에 의해 길들여지며 교회를 위한 신학만을 해왔기 때문에 "거시적 신학(*macro*–theology)"이란 발상 자체도, 그런 신학을 어떻게 구축할 수 있

---

1) "미시적 신학"이란 필자가 신조(新造)한 학술용어다. 이 신학은 신학의 폭을 교회의 정통에 제한함으로써 신과 인간의 관계 내에서만 신학해야 하는 신학함을 일컫는 용어다. "미시적 신학"의 신봉자들은 신학의 울타리를 조금이라도 넘어서려 하면 이단시하는 경향이 강하다. 한숭홍, "神土不二 신학의 방법론은 신학적인가?" 『본질과 현상』 통권 13호(2008 가을), p. 238.

는지에 대한 인식조차도 갖고 있지 못했다.[2)]

## 5. 기독교의 이질화 문제

기독교는 처음부터 탈이념적, 탈지역적 종교로 예수 그리스도에 의해 제창되었지만 사도들에 의해 유대 민족의 선민주의와 성지주의 종교로 고착되었고, 교부들에 의해 문화정복주의 종교로 세력을 확장하며 오늘에 이르게 되었다. 신학 2000년사는 신학자들이 헤브라이즘(Hebraism)과 헬레니즘(Hellenism)을 혼합하여 기독교 신학을 형성해온 역사적 과정에 대한 실록이며, 비판적 시각으로 보면 기독교가 이질화되어온 역사에 대한 증언이라 하겠다.

예수는 "거룩하고 악이 없고 더러움이 없고 죄인에게서 떠나 계시고 하늘보다 높이 되신 이"(히 7:26)로서 "멜기세덱의 반차(班次)를 따른 대제사장"(히 5:10)이다. 멜기세덱은 "아버지도 없고 어머니도 없고 족보도 없고 시작한 날도 없고 생명의 끝도 없어 하나님의 아들과 닮은"(히 7:3) 대제사장이다. 여기서 중요한 것은 예수 그리스도가 온 인류를 위해 혈연, 가문, 생명 등 사회-생물학적인 연고관

2) Ibid. "거시적 신학"이란 필자가 신조한 학술용어다. 이 신학은 신학을 신과 토의 관계로까지 확대해서 해석하는 신학이다. 신토불이 신학은 이 신학을 "신학의 원형"이라고도 하고, "신토율 신학(the thegeonomous theology)"이라고도 한다. "거시적 신학"은 개념에 담긴 의미에 따라 "원신학(Urtheologie)"으로 일컬어지기도 한다.

계를 초탈해서 제사(예배)를 집행하는 대제사장임을 드러낸 것이다.

복음서는 예수가 유대인만의 그리스도로 태어난 것이 아니고, 온 인류를 위해 신이 인간이 된 성육신임을 선포하고 있다(마 1:21; 막 2:17; 눅 2:10–11, 19:10; 요 3:17; 갈 4:4–5). 예수는 승천하는 마지막 순간에도 제자들에게 "너희는 가서 모든 민족을 제자로 삼아 아버지와 아들과 성령의 이름으로 세례를 베풀고 내가 너희에게 분부한 모든 것을 가르쳐 지키게 하라"(마 28:19–20), "예루살렘과 온 유대와 사마리아와 땅 끝까지 이르러 내 증인이 되라"(행 1:8)고 당부했다.

그러나 예수의 제자들은 하나님이 인간이 된 '신의 땅화 사건'을 올바로 이해하지 못하고 선민의식(選民意識)과 성지사상(聖地思想)으로 이념화된 유대교의 전통에 따라 복음의 내용을 해석하며 전파했다.[3] 이로써 예수의 기독교는 제자들에 의해 유대기독교(Judenchristentum)로 향토화되었고, 이렇게 만들어진 기독교가 그리스 철학으로 채색되며 로마 제국의 영토로 전파되었다. 엄밀히 말해서 예수의 제자 그 누구도, 심지어 사도 바울까지도 예수의 철학과 사상을 제대로 이해하지 못했기 때문에 이런 오류를 범하게 된 것이다. 이렇게 신학은 자기모순에 빠지게 되었다.

속사도 시대 이후 초대 교부들도 신학의 궤도이탈에 일조했다. 325년 니케아 공의회(Council of Nicaea) 이후 신학은 사실상 공의

---

3) 한숭홍, "역사철학에도 코페르니쿠스는 존재하는가?" 『본질과 현상』 통권 8호(2007 여름), p. 140; 한숭홍, "神土不二 신학의 방법론은 신학적인가?" pp. 243, 248; 한숭홍, "한국 기독교사, 어떻게 읽을 것인가?" 『본질과 현상』 통권 15호(2009 봄), p. 180.

회에 상정된 논제들에 대한 논의를 거쳐 결정되었으며, 철학적으로 진술된 명제에 대한 신앙의 길을 달려가게 되었다. 이로써 신학은 이데올로기화되어 오늘에 이르게 되었다. 이렇게 신학이 공의회 때마다 예수의 복음과 거리가 멀어지며 이성의 산물로 이론화되어 가면서 기독교 신앙도 인간의 이성에 의해 규정된 신관에 대한 신앙으로 이념화되었다. 엄밀히 말해서 신학은 기독교의 종교적 사상 자체를 다루지 못하고 기독론만을 다루어왔다. 이렇게 예수의 기독교는 너무 이질화되었다.

# 2장

# 신학의 표피주의와 새로운 신학주의의 한계

## 1. 신학은 신학다웠는가?

이 질문에는 신학이 신 · 토 간의 관계에 내재되어 있는 성향인 "신토성(神土性, thegeonity, Thegeonität)"[4]과 천 · 지 · 인 간의 관계에 내재되어 있는 성향인 "천지인성(天地人性, uranogeanthropity, Uranogeanthropität)"[5]에는 접근조차 하지 못하고 신학을 싸고 있는 겉껍질만을 지각하며 신학이라고 했던 것에 대한 자기반성이 담겨 있

4) "신토성"이란 필자가 신조한 학술용어다. 신 · 토 간의 불이관계에서 모든 종교의 본래성이 표출되는데, 이것을 "신토성"이라고 한다. 한숭홍, "종교론," 『본질과 현상』 통권 12호(2008 여름), pp. 168-70, 186-87; 한숭홍, "神土不二 신학의 방법론은 신학적인가?" p. 248; 한숭홍, "한국 기독교사, 어떻게 읽을 것인가?" p. 202.

5) "천지인성"이란 필자가 신조한 학술용어다. 한숭홍, "종교론," pp. 178-85.

다. 결국 이 문제가 요구하는 것은 '신학은 신학다웠는가?'라는 신학의 현주소에 대한 비판적 진단이다.

복음의 핵심은 신이 인간이 된 사건이다. 그러나 신의 존재가 로고스라는 요한복음의 주장은 결과적으로 신학을 그리스 철학으로 변질했고, 예수의 기독교를 서양화하는 계기를 부여했으며, 이로써 기독교는 탈기독교적 기독교로 종교화되었다. 예수는 처음부터 그의 종교를 그리스 철학으로 채색할 목적으로 이 세상에 온 것이 아니다. 그는 인격적 신성을 지닌 존재로서 인간이 된 신이다. 베드로가 고백했듯이 "주는 그리스도시오 살아 계신 하나님의 아들"(마 16:16)이었지, 로고스로서의 존재는 아니었다.

일부 신학자들은 요한복음의 저자가 헤라클레이토스(Heracleitos), 스토아(Stoa) 철학자들, 알렉산드리아의 필론(Philon) 등 고대 그리스 철학자들로부터 로고스 개념을 차용했으리라는 추론 자체를 불쾌하게 여기며 이에 대한 실증적 전거를 요구할 것이다. 그러나 요한복음의 저자 자신이 로고스란 개념을 어느 철학에서 빌려왔는지 밝히지 않았기 때문에 이 문제를 실증적으로 규명한다는 것은 불가능한 일이다. 다만 요한복음 1장을 고대 그리스 철학자들의 로고스 개념인, 이성의 빛으로 읽으면 이 문제가 쉽게 풀릴 수 있을 것이다. 대체적으로 영지주의자들과 변증가들, 그리고 요한네스 스코투스 에리우게나(Johannes Scotus Eriugena)를 비롯하여 중세 신학자들도 로고스를 신이란 의미보다는 이성이란 의미로 이해 · 사용했다. 근세를 견인했던 이성주의(*ratio* + ism → rationalism)는 이성을 종교적 절대이성(합리주의)과 인간적 상대이성(경험론)으로 분류하며 사유, 자연, 경험의 영역과도 관련시켰고, 계몽주의와 관념론은 이성을 "순수이성"(Kant), "세계정신"(Hegel) 등등 선험적이고 초월적인 본질과 관련시켰다. 정리하면 신학 2000년사는 로고스에 대한 해석의 과정을 서술해온 역사였다고 하겠다.

## 2. 예수의 기독교에서 그레코-로만의 문화종교로

헤겔(G. W. F. Hegel)이 현대 신학에 미친 영향은 "현대신학의 아버지"라는 슐라이어마허(F. D. E. Schleiermacher)의 공헌 이상으로 위대하다. 이 두 사람은 "이성"의 신학과 "감정"의 신학을 대표하는 표본처럼 인식될 정도로 현대 신학의 형성에 크게 공헌했다. 20세기 신학을 이끌어왔던 신학자들 중에 이들의 신학에서 영향을 받지 않은 사람은 없다.

요한복음의 로고스 사상은 기독교 신학을 로고스 신학으로 이질화하는 단초가 되었다. 이를 계기로 신학은 사도 시대, 속사도 시대, 여덟 차례의 공의회를 거치면서 서양 종교로 변모되었고, 중세 신학자들에 의해 교회를 위한 신학으로 체계화되었다. 예수의 기독교가 서양 종교로 변모되어가는 과정에 그리스 철학과 더불어 당시 세계를 지배하고 있던 로마 제국의 정치, 경제, 사회, 사상 및 법과 제도의 영향도 컸다.

솔직히 말해서 지금의 기독교 — 로마 가톨릭교, 그리스 정교, 개신교 — 는 예수의 복음을 순수하게 구현한 초기 기독교(Urchristentum)가 아니고 교부들과 스콜라 신학자들에 의해 끊임없이 수정되며 체계적으로 만들어진 종교다. 기독교 신학 역시 예수의 신학, 원복음(Urevangelium)의 신학이 아니고 고대 그리스의 자연철학과 정신철학을 차용한 교부들과 스콜라 신학자들에 의해 결의된 후 이론화된 종교학이다.

기독교는 서양으로 전파되면서 그리스 철학과 로마 문명에 의해 서양 종교로 이질화되었고, 서양은 기독교에 의해 정복되었다. 이렇게 기독교와 서양 문화가 맞물려 돌아가면서 기독교는 서양화되었고, 서양 문화는 기독교화되었다.

## 3. 신학의 해방은 신학의 표피주의로부터의 자유

신학은 원신학에는 접근조차 하지 못하고 '신에 관한 말씀(*theos + logos*)'을 유대 이데올로기화했다. 한마디로 말해 신학 2000년사는 요한복음의 로고스 개념에서 발원하여 지금에 이르기까지 이에 관한 신학자들의 논쟁의 역사였다고 하겠다. 좀 더 광의적으로 말하면 신학 2000년사는 끊임없이 이어져온 기독론의 기승전결(起

承轉結)의 역사였다. 바로 이 점이 신학의 모순이다.

신학은 신과 그의 피조물 간의 관계에 관한 신 · 토 관계의 학문이다. 그러므로 기독론도 이런 사고의 틀 안에서 다루어져야 하는데, 실제적으로는 그리스도를 로고스로, 로고스를 그리스 철학의 이성이나 법칙의 개념 정도로 이해하며 서술하곤 했다. 이런 기독론에서는 기독론의 본래적 요지인 신의 땅화 과정과 목적에 대한 서술이 배제되어 있으므로 논의 자체가 비기독교적이고, 학문의 방법론적 측면에서 보면 피상적이고 표면적일 수밖에 없다. 한마디로 신학 2000년사의 오류는 기독론 자체를 근원적으로 분석 · 연구하며 교리화하지 못하고, 로고스 개념에 관한 논쟁과정 자체를 신학의 발전사로 간주하고 있었다는 점이다. 이것은 핵심을 벗어나 표피(表皮)만으로 본질 자체나, 대상 자체를 인식했다고 하는 것과 마찬가지라 하겠다. 이런 연구태도가 학문함에 있어 표피주의(表皮主義)다.

표피주의란 연구대상에 대한 피상적 접근을 통해 현상(現象)만을 인식의 목적으로 간주하는 학문적 태도다. 신학의 학문성을 기독론의 관점에서만 규정하려는 발상 자체도 신학함의 표피주의다. 이런 오류에서 빨리 벗어나는 것만이 신학의 해방이라는 점을 신학자들은 새롭게 인식해야 할 것이다. 기독론을 신학 전체인 것처럼 간주해왔던 신학이 역사적 관행으로부터 빨리 해방되면 될수록 그 신학은 신학함의 원형으로 신학을 정립해갈 수 있을 것이다. 한마디로 신학이 신학의 표피주의로부터 빨리 해방되면 될수록 신학은 진정으로 신학다운 신학을 할 수 있다. 이를 위해 신학이 자유를 요청하는 것이다.

## 4. 신학의 본질변이 현상

1960년대 말엽부터 바르트(K. Barth), 불트만(R. Bultmann), 브루너(E. Brunner), 틸리히(P. Tillich) 등의 신학을 이어 새로운 신학을 창출하려는 움직임이 활발했다. 소망의 신학(J. Moltmann), 신 죽음의 신학(Death of God Theology: Gabriel Vahanian, Paul Van Buren, William Hamilton, John A.T. Robinson, Thomas J. J. Altizer, John D. Caputo, Richard L. Robenstein), 해방신학(Leonardo Boff, Gustavo Gutierrez, Jose Miguez Bonino, Jon Sobrino) 등으로부터 여성신학에 이르기까지 새로운 신학의 스펙트럼은 세계 신학계에 분광(分光)의 미(美)는 제공했으나 인구에 회자된 만큼의 결실을 거두지는 못했다. 저들은 스승들을 이을 차세대 주자로 기대되었으나 자신들만의 색깔을 가진 신학, 자신들의 정체성을 표출할 수 있는 독창적인 신학을 만들어내지는 못했다.

1세기 말엽 요한복음에 의해 로고스 기독론으로 출발한 신학은 엘살바도르의 해방신학자 소브리노의 『교차로의 기독론(*Christology of the Crossroads*)』으로 오메가 포인트를 찍으며 20세기를 마무리했다. 이에 대하여 특별한 의미를 부여하지 않을 수도 있겠지만,

기독론이 신학의 알파 포인트에서 오메가 포인트에 이르기까지 일관되게 관심의 대상이 되었다는 것은 기독론 자체가 신학의 중심이었다는 것을 의미한다. 이것은 기독론에 관한 논쟁의 역사 자체가 곧 신학 2000년사였다는 것을 의미하는 것이 아닌가! 예를 들어 신론, 성령론, 교회론, 종말론 등은 물론 심지어 성서신학, 조직신학, 역사신학, 실천신학 등에서 다루어지고 있는 모든 주제들마저도 예외 없이 그리스도와 관련되어 전개된 일종의 기독론을 위한 보조 역할을 감당한 것들이 아닌가! 기독교를 구원의 종교로 간주하는 한 구원의 주인 그리스도가 신학의 중심주제가 되는 것은 당연한 것이다. 다만 여기서 문제가 되는 것은 기독론만이 신학의 중심이라거나 신학은 기독론 자체라는 고정관념이 신학의 원형을 추구하려는 참신학의 길을 제한할 수 있다는 점이다.

신학이란 기독론에만 초점이 맞추어진 학문도 아니고, 이에 관한 이론과 실천만을 정통주의로 정설화해야 하는 사상도 아니다. 광의적으로 보면 신학은 기독론과 불가분(不可分)의 관계를 맺고 있기는 하지만, 그렇다고 이 관계 자체가 곧 신학의 "원신학성(Urtheologität)"을 의미하는 것은 아니다.[6] 신학의 원신학성이란 신 · 토 관계를 신학화한 "신학의 원형," 즉 '원형 신학(*theologia archetypa*)'의 본질을 가리키는 말이다. 그러므로 교리나 신앙의 내용들 중에 어

6) "원신학성"이란 필자가 신조한 학술용어다. "원신학성"이란 '원형 신학의 본질'을 가리키는 용어다. 이 개념은 신 · 토 관계를 창조신학으로, 토의 실재들인 천 · 지 · 인간의 관계를 구속신학으로 해석하면서 신의 창조목적과 창조질서의 완성을 신토불이로 규정한다.

떤 특별한 주제만을 다루면서 마치 "신학의 원형"에 관해 신학하고 있는 것처럼 행세해서는 안 될 것이다. 이런 부류의 신학은 국부적(局部的) 신학으로서의 가치는 견지하고 있지만 그 자체로서 기독교 신학을 대신하는 것은 결코 아니다.

20세기 중엽 이후 세계 신학계는 무주공산(無主空山)의 시대였다. 상황이 이러다 보니 신하계의 관심을 끌기 위해 많은 신학자들이 새로운 신학을 시도하며 신학을 '전위신학(*avant-garde* theology)'으로 작품화하여 선보이거나 기독교를 이슬람교나 힌두교, 불교나 유교 또는 무속신앙이나 민간신앙 등등 서로 이질적인 신앙행태들과 접목하며 해석한 후 혼합주의 신학을 새로운 신학이란 이름으로 세상에 내보이기도 했다. 기독교에 종교상대주의나 종교다원주의로 접근하며 신학의 본래성을 종교신학으로 본질규정하려는 이런 혼합주의 신학행태를 나는 신학주의(theologism)로 규정한다.

한편, 신학자들 중 일부는 신학을 봉건주의 의식을 분쇄하는 도구로 사용하려 했고, 일부는 봉건주의 시대 하부구조의 희생을 통해 상부구조에서 누렸던, 극히 반사회적이고 비생산적이었던 놀이에 대한 향수(享受)를 신학적 감성으로 형상화하려 했다. 하지만 이런 신학자들은 신학의 주제들을 신학의 새로운 패러다임으로 학문화하지 못했다.

이런 신학자들의 공통성은 신학의 표피주의에서 해방되지 못한 점이다. 신학의 표피주의는 결과적으로 신학 자체를 이데올로기나 신변잡기로 변질시켰다. 그리고 신학의 변질이 더욱 심해지면서 신학은 점점 신학 본래의 본질에서 이질화되며 종교상대주의 및 종교다원주의 신학으로 변이되어갔다. 신학의 변이과정은 비단 오늘의 현상만은 아니다. 이미 신학 2000년사는 신학의 본질이 어떻게 변이되어왔는가에 대한 과정을 보여주고 있다. 이렇게 신학의 본질이 변이되며 "탈신학화(Enttheologisierung)"되어온 현상을 오늘의 신학자들은 어떻게 이해하고 있는지?

# 3장
# 신학 그 자체로의 접근

## 1. 참신학

참신학은 신학 그 자체에 접근하기 위하여 신학의 본질을 정립해야 한다. 일반적으로 신학을 '신(神)에 관한 이야기(話)', '신(*theos*)에 관한 말씀(*logos*)' 등으로 정의한다. 이것이 신학에 대한 서양 신학자들의 대체적인 정의이며, 지금까지도 정설로 받아들여지고 있다. 그러나 신은 이런 존재일 것이라고 인간이 이야기하는 것 자체가 타당한 것인지, 그리고 이런 추론(推論)에 의해 형상화된 신에 관한 관념이 과연 신 그 자체를 규정한 것인지 등에 관해서 이제는 좀 더 진지하게 생각해보아야 할 것이다. 엄밀히 말해서 *theologia*란 학명은 신중심주의(theocentrism) 세계관에서 발로(發露)된 개념이다. 그러므로 신에 관한 인간의 신학적 진술은 처음부터 정해진 틀 안에서 이야기해야 하는 규율에 묶여 있었다.

포이에르바흐(Ludwig Feuerbach)가 "신은 인간의 거울"[7]이고 "신의 본질은 대상적으로 표현된 상상의 본질"[8]이라고 주장하며, "인간은 기독교의 신이고 인간학은 기독교 신학의 신비"[9]라고 역설했을 때, 신학계의 반응은 매우 비판적이었다. 그의 주장의 핵심에는 신학이란 신중심주의로만 가능한 학문이 아니고, 신에 대한 인간의 자기투영에 의해서도 학문성을 가질 수 있는 인간중심주의(anthropocentrism) 학문이어야 한다는 선언이 담겨 있다.[10]

아직도 많은 신학자들은 신학을 완전한 학문으로 인식하며 정통성을 고집하고 있다. 저들은 신학이야말로 다른 학문들에 비해 상대적으로 불완전하고 결함이 많은 학문, 미완성의 학문이라는 사실을 인정하려 하지 않는다. 신학은 생명체처럼 진화하며 발전해가고 있는 학문이다. 신학의 이런 현상은 기독교가 인류의 종교로서 존재하는 한 계속될 것이다. 신학은 기독교 신앙의 원자료(Urtext)인 케리그마를 삶의 자리에 따라 해석하며 진화 · 발전해가고 있는 상황(Kontext)의 학문이다. 이처럼 신학은 가변적이다. 신학의 가변성

7) Ludwig Feuerbach, *Das Wesen des Christentums* (Stuttgart: Philipp Reclam Jun., 1969), p. 121.

8) Ibid., p. 324.

9) Ibid., p. 522.

10) 한숭홍, "기독교사관과 유물사관," 『교회와 신학』 제16집(1984. 5), pp. 92-94; 한숭홍, "신학의 본질론에 관한 논고: 신학함의 새로운 차원을 찾아서," 『신학춘추』, 1993. 3. 24, 2면; 한숭홍, "문화변동에 따른 신학의 변화 전망," 『장신논단』 제13집(1997), pp. 487-514.

은 신관의 가변성도 병행한다. 참신학은 신에 관한 이야기 자체도 인간의 삶에 의존적임을 인식할 수 있어야 한다.

## 2. 인간은 신을 알 수 있는가?

인간은 신에 관해 얼마나 알 수 있는가? 인간은 자기 자신도 완전히 알 수 없는 불완전한 존재인데, 이런 존재가 어떻게 신에 관해 알 수 있고, 이야기할 수 있고, 규정할 수 있단 말인가! 대체적으로 신학자들은 "나는 그것이 불합리하기 때문에 믿는다(*credo quia absurdum*, Tertullianus)"라는 명제나 "나는 알려고 믿는다(*credo ut intelligam*, Anselm of Canterbury)"라는 명제 등에 대해서는 무조건 믿어야 하는 신앙의 의무와 관련하여 이해하며 긍정적으로 평가하고, "나는 믿기 위해 알려고 한다(*intelligo ut credam*, Peter Abaelard)"라는 명제에 대해서는 신앙에 이성으로 접근하려 한다며 비판적으로 평가한다. 그러나 우리는 여기에서 좀 냉철해질 필요가 있다. 신에 관해 안다는 것은 신을 인식하는 행위와 관련되어 있고, 이 문제는 신앙행위와 직결되어 있으므로 신을 '무조건 믿는 신앙'과 '알고 믿는 신앙'은 철저히 구별되어야 한다. '어느 신앙행위가 보다 신앙적이고, 신학적이며, 정통적인가?' 이 두 신앙행위에 대한 신학자들의 논쟁은 오늘날에도 간헐적으로 이어지고 있다.

인간은 창조능력을 가진 전능자가 존재하기 때문에 삼라만상(森羅萬象)이 존재할 수 있지 않을까 라는 유비적 추측으로 신을 '만물의 창조자', 혹은 '존재의 근원'이라고 믿고 있다. 신이 존재한다는 것을 알고 있지 않았다면 이런 신앙은 불가능했을 것이다. 이것이 신앙의 역설이다.

인간은 신에 의해 창조된 피조물 중 하나다. 신은 영원한 존재고 인간은 시간적 존재다. 키르케고르(S. Kierkegaard)는 이 관계를 "영원과 시간의 영원한 질적 차이"라고 진술했는데, 매우 적절한 표현이다.[11] 질적 차이는 비교하려는 대상들 간의 질료적 차이나 형상적 차이를 포함하고 있다. 그러나 인간은 범주적 사고방식으로 신과 인간을 비교 · 서술하려 함으로써 이 두 대상들 간의 질적 차이를 제대로 드러내지 못하는 오류를 범하곤 한다. 인간은 아주 오래전부터 신은 '영원하고' 인간은 '유한하다'라거나, 신은 '거룩하고' 인간은 '세속적'이라는 식으로 두 대상들 간의 질적 차이를 단순 비교하거나, '전지(*omniscientia*)', '전능(*omnipotentia*)', '편재(*omnipraesentia*)' 등등 다양한 술어들로 신의 속성을 규정하곤 했다. 그러나 이런 술어들의 본래적 개념에는 인간의 차원에서 이해하고 있는 범주성이 포함되어 있다. 우리는 신을 '영원한' 존재라고 하지만, 영원이란 개념은 시간의 상대적 관계에서 이해될 수 있는 개념이므로 신에게 적용하는 것 자체가 잘못이다. 인간은 신을 알 수 없는 존재인데, 어

11) Torsten Bohlin, *Sören Kierkegaard und das religiöse Denken der Gegenwart* (München · Leipzig: Rösl & Cie, 1923), pp. 86-110. 한숭홍, 『철학 12강』(서울: 장신대 출판부, 2005), p. 45; 한숭홍, 『철학적 신학』(서울: 장신대 출판부, 2006), pp. 220, 304.

떻게 그런 존재가 신의 존재방식에 관해 말할 수 있단 말인가! 신은 신의 차원에서 존재하는 존재이므로 인간의 범주적 사고방식으로 수식된 개념으로 이해하려 하거나 서술하려 하는 것은 오히려 신의 속성 자체를 인간의 의식 속으로 끌어들여 초월적 존재의 존재성을 파괴하는 행위다. 신은 신의 차원에서 신의 존재방식으로 존재한다. 그러므로 인간의 언어로 신의 존재방식을 규정하는 것은 잘못이다. 어쨌든 인간은 결코 신의 차원에 접근할 수도 없고, 신의 존재방식을 알 수도 없다. 그러므로 인간이 신의 차원에 접근하려 하면 할수록, 그리고 신의 존재방식에 집착하면 할수록 인간은 더 큰 오류에 빠지게 된다.

어쨌든 유한한 존재가 무한한 존재를 알 수 있다는 것은 불가능한 일이다. 인간이 신에 관해서 티끌만큼이라도 알 수 있으려면, 인간 스스로 신적 본질을 함유한 무한한 존재여야 한다. 무한한 존재를 알 수 있다는 것은 곧 그 스스로 초월성을 가진 존재라는 것을 의미한다. 그러나 인간이 시공간에 제약된 존재라는 현존의 실존성은 인간을 창조주 신이 아닌 피조물으로 살아가게 만들었다. 다만 인간은 신에 관해 알 수는 없지만, 신이 존재한다는 사실에 관해서는 알고 있다. 무신론자들에게도 이런 진리는 유효하다. 인간은 사유의 단계에 진입하면서 영원히 존재하는 유(有)를 표상했다. 이 존재를 인간은 신이라고 믿었고 지금도 그렇게 믿고 있다.

이런 신앙의 유산이 신성, 누미노제(das Numinose) 등을 유전적으로 인간의 삶에 전이시켜 '신(神)에 관한 이야기(話)'를 만들었는데, 이것이 신학의 원초적 유형인 신화(神話)다. 일부의 신학자들이기는 하지만 신학에 관해 토론하는 자리에서 어떤 이들은 '신화'라는 낱말에 매우 민감한 반응을 보이곤 한다. 저들은 '신화란 꾸며낸 이야기이므로 황당무계한 내용과 허구로 채워진 거짓이다'라는 고정관념에 사로잡혀 있기 때문에 신학, 즉 '(*theos* + *logos*) ≡ (神 + 話) ≡ *theologia*'란 낱말을 어원적으로 이해하기 위하여 신학을 '神 + 話'란 복합어가 담고 있는 내용과 관련하여 풀이하는 것조차 불경스럽게 생각한다. '神話'란 '神 + 言 + 舌'로 조합된 낱말로서 '신(神)에 관한 말씀(言)을 혀(舌)로 전하는 것'이란 말뜻을 갖고 있고, *theologia*란 '*theos* + *logos*'의 합성어로서 '신(*theos*)에 관한 말씀(*logos*)이나 말하는 것(*lego*)'이란 말뜻을 갖고 있다. 이처럼 '神話'라는 낱말과 '*theologia*'라는 낱말은 동일한 말뜻과 어원적 구조를 갖고 있다.

그렇다면 신학은 신화와 동일하다는 말인가? 절대 그런 것은 아니다. 어원적 구조가 동일하다는 말이다. 신학은 신앙의 대상에 관한 담론이고, 신화는 구전되어온 민족 설화에 관한 이야기다. 하지만 이 둘을 구별하기는 쉬운 일이 아니다. 때로는 신앙의 대상이 설화로 구전되어오기도 했는데, 유대 민족 신관에서 그런 예를 찾아볼 수 있다. 유대인들에게서 신(Jehovah, Yahweh)은 자신들만 독점하고 있는 신이며, 자신들만을 위한 신이므로 민족신의 한계성을 갖고 있는 신이다. 저들은 이 신에 관해서 설화 형식으루 구전해왔다. 그 반면에 신화의 내용을 신학화하려 했던 예도 있는데, 단군신화를 신학화하려는 신학자들이 바로 이에 속한다(윤성범, 허호익). 신학은 지식체계나 내용의 구성으로만 제작된 제품이 아니고, 역사성을 내포하고 있는 신앙으로 이루어진 '신에 관한 학문(Wissenschaft von Gott)'이다.

'신에 관한 학문', 만물의 창조주에 관한 이야기로부터 기원한 학문을 신학이라고 하지만, 철학 역시 만물의 기원에 관해 이야기하며 생겨난 학문이다. 이 점에서 이 둘은 유사성과 공통성을 갖고 있다. "철학은 '*mythos + logia*'의 신에 관해, 신학은 '*theos + logia*'의 신에 관해 이야기하고 있다는 점에서 철학과 신학은 시원(始原)의 일치성을 갖고 있는 학문이다. 신학의 원형은 신화학과 맞물려 있다."[12)]

지금까지의 요지를 간단히 정리하면, 신학은 자기비판을 통해 신학 그 자체에 접근할 때 비로소 신학다운 학문이 된다는 것이다. 이 문제는 신학의 원신학성이 신학으로 학문화되지 못한 이유는 무엇인지, 왜 지금까지 아무도 신학의 원형에 대한 탐구만이 참 신학의 길이라는 사실을 인식하지 못했는지 등에 대한 자기반성적 물음과 관련되어 있다.

---

12) 한숭홍, 『철학적 신학』, p. 15.

4장

# 신학의 원형으로서의 신토불이 신학

## 1. 세계 신학계의 공백기

학문은 인식의 대상에 대한 이해로부터 시작한다. 그러므로 대상을 유기적이고 체계적으로 이해할 수 있는 방법이 배제된 상태에서는 학문이 태동할 수 없다. 이 말은 인식의 대상을 이론화하지 않은 상태에서는 학문 자체가 성립될 수 없다는 것을 시사(示唆)하는 것이다. 신학의 경우에도 예외는 아니다. 만일 신학이 학문이론의 규칙에 따르지 않고 반이성주의의 길을 택한다면, 이런 신학은 학문으로서 더 이상 연구대상이 될 수 없을 것이다. 학문성이 배제된 신학, 그것은 실상인즉 신학이라기보다는 망상이나 곡두, 공상이나 몽상에 집착하며 엮어놓은 거짓되고 근거가 없는 사설(邪說)에 불과할 뿐이다.

신학은 생성 · 소멸의 과정을 지속해오며 헤아릴 수 없을 정도로 많은 이론들을 창출해왔다. 지금도 세계 도처에서 많은 신학자들이 새로운 신학을 계획하며 작업 중에 있고, 구미 신학계의 학술지들에 저들의 이론을 발표하며 활동하고 있다. 하지만 저들 중에 대다수는 거의 일회성 작품으로 신학계에 데뷔했다가 종적도 없이 사라지곤 한다. 이것은 신학자들 스스로 신학을 떠받칠 수 있는 지주(支柱) 학문들 — 철학, 종교학, 예술, 동 · 서양 문화사 및 인문 · 사회 · 사상 관련 제 학문들과 신학을 위한 고전어들과 현대어들 등등 다양한 영역들 — 을 해당 분양의 전문가에 버금갈 정도로 섭렵(涉獵)한 후에 신학에 몰두하기보다는 한두 개의 개념으로 신학 전체를 대신하려 하기 때문에 야기되곤 하는 지적 빈곤현상이다. 이런 신학들은 결국 부분으로 전체를 개성화하려는 국부적 신학으로 전락되고 만다.

오늘날 세계 신학계를 이끌어가고 있는 신학자는 누구인가? 누구든지 이런 질문을 받게 되면 아마 자신들이 알고 있는 신학자의 이름을 떠올릴 것이다. 그런데 과연 그 신학자가 세계 신학계의 한 축을 움직이고 있고, 독자적인 신학으로 기독교에 영향력을 미치고 있는 인물이냐? 정답은 이 질문 자체에서 찾아야 할 것이다. 3B 신학자로 일컬어지기도 하는 바르트, 불트만, 브루너를 비롯하여 틸리히 등등 자신들만의 독창적인 신학을 만들었던 신학자들과 현재 세계 신학계에서 신학자연(神學者然)하며 활동하지만 대가들의 신학을 정리하여 소개하는 수준인 신학자들을 동급으로 취급하는 것 자체는 모순이 아닐 수 없다. 오늘날은 더 이상 기가바이트의 용량을 가진 신학자들을 찾아볼 수 없다. 비유컨대 신학의 공룡들이 사라지면서 지금은 신학의 중생대가 끝나고 신학의 신생대에 진입하려는 과도기다. 더 이상 공룡이 존재하지 않는 세계 신학계의 현상, 신학 공백기의 현상을 우리는 어떻게 이해해야 하는가? 이런 현상을 간파한 신학자라면 아마 자신의 이름으로 상징되는 신학을 세계 신학계에 선보이고 싶을 것이다. 제2차 세계대전 이후 세대에 속하는 신학자들도 예외는 아닐 것이다. 그러나 저들의 경우 독창적인 신학을 만들어 내려는 의욕은 강했지만, 이를 뒷받침할 수 있는 조건을 충족시킬 수 있는 역량은 부족했다. 어떻게 해서든지 저들은 세계 신학계로부터 인정받기 위해 단발성 논문들을 발표하기도 했고, 때로는 세간의 이목을 끌 목적으로 기행(奇行)을 일삼으며 전위적이고 전투적인 글을 쓰기도 했다. 하지만 그렇게 하면 할수록 저들은 더욱 초라해졌고, 자신들의 신학능력에 대한 회의로 점점 불안하게 되었다. 능력의 한계에 직면하게 되자 저들은 결국 신학을 창조하는 신학자, 독창적인 신학자가 되고자 했던 희망을 접고 대가들의 신학을 잘 간추려 소개하거나 편집해서 가르치는 신학 안내인으로서의 길을 가게 되었다. 이렇게 오늘날 세계 신학계는 신학 공백기를 벗어나지 못하고 신학부재의 시대를 지속하고 있다.

## 2. 한국 신학계의 서광

나는 세계 신학계의 신학부재 현상을 보며 한국 신학계에 서광이 비치고 있음을 직감할 수 있었다. 그동안 한국 문화와 정서가 함께 녹아들어 있는 한국 신학의 제1 유형인 문화신학(김경재, 김광식, 김상일, 김흡영, 박신배, 변선환, 유동식, 윤성범, 이정배, 허호익 등등)과 한국적 사회의식으로 주형된 한국 신학의 제2 유형인 한국 사회신학(김용복, 문익환, 서광선, 서남동, 안병무, 현영학 등등)이 한국적 신학을 대표해왔다는 데 이의를 제기할 사람은 별로 없을 것이다. 이 정도로 이 두 신학은 한국 신학 발전에 크게 공헌했고, 세계 신학계에 소개되기도 했다. 그러나 1990년대 초 제3의 신학이 등장하면서 현재 세 유형의 신학이 한국 신학계에서 공존하고 있다. 제3의 신학은 신학의 원형을 추구하는 신학이다. 이 신학은 "신토불이 신학(神土不二 神學, the Sintobul'yi theology)"이란 학명으로 1994년 한국 신학계에 등장했다.[13] 제1 유형의 신학과 제2 유형의 신학이 '한국인에 의한, 한국적 신학을 창제하기 위한, 한국의 신학'으로 특징화된 데 반해서 신토불이 신학은 '한국인에 의한, 보편적 신학을 창제하기 위한, 세계의 신학'으로 특징화된다. 제3 유형의 신학은 창조주와 피조물 간의 "창조신학적-구속신학"의 관계에 의해 형성되는 신학이므로 특정 지역의 사회, 사상, 문화, 종교, 인종, 풍습 등에 제한되는 신학이 아니다.[14]

---

13) 한숭홍, "한국 토착화 신학의 현주소," 『침신대학보』, 1994. 10. 28, 2면.

14) "창조신학적-구속신학"이란 필자가 신조한 학술용어다. 이 신학을 광의적으로 "신토불이 신학"이라고 한다. 최근 신토불이 신학에 대한 연구 논문들이 여러 편 발표

## 3. 한국 신학계의 자기반성

한국 신학자들 중에는 아직도 '서양 신학자들만 신학을 만들 수 있다'고 맹신하는 이들이 있다. '서양 신학자들만 신학을 만들 수 있다'는 논리는 '스위스 시계공(時計工)들만 시계를 만들 수 있다'는 논리와 다를 바 없다.

1960년대 중반 이후부터 독일 신학계에서는 물론 영미 신학계에서조차 세계 신학계를 견인할 수 있는 신학을 창출하지 못했다. 이러한 상황을 직시하며 우리는 이제부터라도 우리 손으로 만든 신학으로 세계 신학계에 등장해야 한다. 우리는 이런 사명감을

---

되었다. 이에 대한 연구는 석사학위 논문으로도 작품화되었다. 이 신학에 대한 연구자들의 접근방법도 다양하고, 논조와 연구 평가도 다양하다.

연구논문들:
최윤배, "무극 한숭홍, 그에게는 무엇이 있는가?" 『신학춘추』, 2007. 5. 1, 8면; 소기천, "무극(無極) 한숭홍 교수의 학문세계: 양태론을 극복한 신토불이 신학(神土不二神學)," 『한국신학의 지평』(무극 한숭홍 교수 정년퇴임기념 논문집)(서울: 선학사, 2007), pp. 19-45; 곽재욱, "무극에서 태극으로: 한숭홍 교수의 생애와 사상의 구조적 이해," ibid., pp. 46-66; 정성한, "무극 한숭홍 교수의 신학사상에 대한 서론적 고찰: 그의 '삶 신학'의 역사적 전개를 중심으로," ibid., pp. 67-89; 고원석, "무극 한숭홍의 기독교교육철학의 삼중적 구조를 통해서 본 오늘의 기독교교육학의 과제," ibid., pp. 113-34; 배요한, "무극 한숭홍의 신토불이 신학에 대한 소고," ibid., pp. 135-66; 박준수, "무극 한숭홍의 사상체계론: 神土不二 神學과의 연계성을 중심으로," ibid., pp. 167-200; 박준수, "한숭홍의 신토불이(神土不二) 신학," 『현대종교』 제394호(2007. 9), pp. 138-43; 김상근, "신토불이 신학을 사자성어로 논함," 『신학춘추』, 2007. 9. 18, 8면.
학위논문:
朴俊秀. "無極 韓崇弘의 神土不二 神學에 대한 思想構造的 硏究". 長老會神學大學校 神學大學院 神學科 碩士學位論文, 2008.

갖고 서로 토론도 하고, 논쟁도 해가면서 한국인에 의해 만들어진 신학을 세계화해가야 할 것이다. 이런 학술행위는 창조적 문제해결의 효과까지도 유발할 수 있기 때문에 신학자들은 보다 진취적이고 거시적으로 신학 할 수 있는 안목을 갖게 될 것이다. 많은 사람들은 아직도 신학은 외제(外製)여야 한다고 생각하며, 우리가 만든 신학을 무시하거나 평가절하하곤 한다. 이것은 오랫동안 우리의 의식을 지배해왔던 모화사상(慕華思想)이 서양숭배사상(西洋崇拜思想)으로 전이되면서 고착된 전형적인 사대주의(事大主義) 바이러스 때문이다. 우리는 누군가가 기발한 착상으로 창작한 신학을 발표하면 그것을 더욱 부각하여 한국형 신학으로 만들어내고, 이런 학술활동을 이어가며 또 다른 형식의 신학을 구상하고 생산하려 하지 않고, 무조건 한국 사람이 발표하는 신학이나 신학사상에 대해서는 폄훼(貶毁)하며 비판부터 하려 한다.[15] 내가 던진 부메랑(boomerang)은 결국 나 자신에게 돌아오게 된다는 애버리진(Aborigine)의 진리가 한국 신학자들에게는 단지 오스트레일리아 원주민들에게나 해당되는 것으로 간주되었는지도 모른다. 이렇게 신학이 싹트기도 전에 뿌리부터 뽑아버리곤 하는 악습이 한국 신학자들을 서양 신학의 맹신자, 수입상, 숭배자로 만든 것은 아닌지? 반성의 여지가 여기에 있다.

15) 한숭홍, "한국에 기독교 신학 신대륙의 청사진을," 『한국기독공보』, 1984. 4. 28, 6면.

## 4. 신학 2000년사의 한계

신학 2000년사를 탐방해보면 신학을 빛낸 위인들을 만나게 된다. 저들은 신학을 학문으로 형성 · 발전시켜오면서 기독교 사상을 정립하는 데 크게 공헌했다. 저들에 의해 체계화된 이런 신학들이 오늘의 기독교를 있게 한 것이라 하겠다. 문제는 신학의 대하(大河)를 형성한 원류들인 저들이 신학을 하면서 신학의 원형에는 접근조차 하지 못하고, 오직 신학의 각론들을 체계화하여 교회에 제공하는 데 의미를 두고 신학활동을 해왔다는 것이다. 이런 경향은 20세기를 마치는 시점에까지 이어져 왔다. 말하자면 신학 2000년사는 신학의 각론들이 기승전결로 이어진 신학의 진화사였던 것이다.

신학 2000년사의 기저(基底)에는 요한복음의 로고스 사상에 의해 형성된 로고스 신학이 깔려 있고, 그 위에서 사도 시대와 속사도 시대의 신학자들(St. Paulus, Clemens, Ignatius, Polykarp)은 기독교란 새로운 종교를 서양화하는 데 심혈을 기울이며 예수의 기독교를 이질화하기 시작했다. 교부들(Justin Martyr, Tatianus, Irenaeus, Origenes, Tertullianus, Cyprianus, Augustinus)과 스콜라 신학자들(Anselm of Canterbury, Albertus Magnus, Thomas Aquinas, William Ockham, Nicolaus Cusanus)은 예외 없이 기독교 교리들에 대한 변증과 신학의 철학화에 신학함의 의미를 두려 했으며, 종교개혁의 기수들(M. Luther, U. Zwingli, J. Calvin, J. Knox)은 구원(면죄부)의 문제가 발단(發端)이 되어 가톨릭교에 반기를 들고 일어섰고 성례전에 대한 견해 차이로 개신교 신학을 여러 유형으로 개성화했다. 근세에 접어들면서는 합리주의의 물결을 타고 신의 존재와 신 인식의 방법에 대한 논쟁(R. Descartes, Benedictus de Spinoza, G. W. Leibniz)으로 신학사의 한 장을 채워갔고, 19세기 이후로는 이성의 신학(G. W. F. Hegel), 지성의 신학(E. Troeltsch), 감정의 신학(F. D. E. Schleiermacher), 의지의 신학(A. Ritschl) 등으로 그리고 곧이어 자유주의 신학과 근본주의 신학의 대결로 교회까지도 분열시키며 신학 2000년사는 특징화되지 않았는가! 20세기 신학자들은 말씀과 계시(K. Barth), 케리그마와 신화(R. Bultmann), 하나님의 형상과 자연(E. Brunner), 이성과 계시(P. Tillich), 인간과 사회(Reinhold Niebuhr) 등등 다양한 주제와 방법으로 신학의 외연(外延)을 확장했지만, 저들 역시 신학의 역정(歷程)에서 언젠가 다루어졌던 대상들에 대한 재해석의 한계를 벗어나지는 못했다.[16)]

신학의 변천과정을 훑어보면서 우리는 어떤 특정 내용을 교리로 형성하기 위해 심혈을 기울였던 때도 있었고, 교리를 체계화하여 교의학으로 선보이곤 했던 때도 있었으며, 신학을 학문화하

---

16) 내가 진술한 신학 2000년사가 무엇을 목적하고 있는지를 보다 정확히 이해할 수 있도록 다음의 저서를 소개한다. Kurt-Victor Selge, *Einführung in das Studium der Kirchengeschichte* (Darmstadt: Wissenschaftliche Buchgesellschaft, 1982), pp. 104-33 참조. Selge는 교회의 문제와 신학의 문제를 근세의 지평에서 수렴하여 소개하려는 데 목적을 두고 그의 신학 연구서를 집필했다. 그러므로 그의 신학사에 대한 연구 방향은 교회에 초점이 맞추어져 있다. 그의 입장은 "교회사의 대상은 기독교 교회다"라는 이 한마디에 집약되어 있다. 내가 위에서 진술한 신학 2000년사 개요는 나의 관점에서 서술된 것이며, Selge의 입장과는 전혀 일치점이 없음을 독자들은 알 수 있을 것이다. 나는 교회론의 관점에서 신학 2000년사를 관조하기보다는 신학의 변천사 및 형성사의 관점에서 신학사의 과정을 읽으려는 데 초점을 맞추었다. 다음의 두 저서들도 로고스 신학에 대한 이해에 도움이 될 것이다. Hans Freiherr von Campenhausen. *Griechische Kirchenväter*. 4. Aufl. Stuttgart: Kohlhammer, 1967. Eric Francis Osborn. *Justin Martyr*. Tübingen: J. C. B. Mohr(Paul Siebeck), 1972.

기 위해 철학을 도구로 사용하며 방법론의 신학을 해왔던 때도 있는 사실을 발견할 수 있었다. 한마디로 말해 신학자들은 교리, 교의학, 방법론 등을 다루는 것이 신학이라는 고정관념으로 의식화되어 있었기 때문에 신학을 총체적으로 다룰 정도로 거시적 안목을 갖고 있지는 못했다. 저들은 미시적 신학에 만족하며 명성을 날렸으며 참신학이란 신학의 원형을 천착(穿鑿)해 나가는 것임을 의식하지 못했고, 인식조차 할 수 없었다. 어쨌든 신학의 원형에 대한 연구의 필요성을 누구도 착안하지 못했다는 것은 신학 2000년사 자체가 신학의 각론으로만 채워져 왔다는 것을 의미한다.

기라성 같은 신학자들 그 누구도 신학의 원형을 신학 할 발상(發想)조차 하지 못했던 이유는 무엇인가? 저들의 학문적 능력과 지성은 비범한데, 왜 이런 위대한 신학자들이 신학의 각론에만 집착했는가? 일례를 들면 아퀴나스 같은 신학의 대가도 신학의 원형에 대한 신학이 원형 신학임을 인식하지 못했고, 그런 의식조차 갖지 못했는데, 그 이유는 무엇인가? 나는 아직도 이 점을 이해할 수 없다. 보지 못한 한 수(手) 때문에 국수(國手)도 무너진다. 이런 평범한 진리가 신학의 위인들에게도 해당된다는 것은 저들이 볼 수 없는 묘수(妙手)를 볼 수 있는 사람들에게는 새로운 신학을 선보일 수 있는 기회가 된다는 것을 의미한다.

## 5. 신학의 원형에로

신학은 교회를 위한 학문이다. 이 말에는 신학이 교회를 위해 지금까지 무엇을 했고, 앞으로 무엇을 해야 한다는 의미가 함축되어 있다.

지금까지의 신학은 주체로서의 신과 객체로서의 인간, 그리고 주체와 객체의 중보자로서의 예수 그리스도라는 이 삼자 간의 관계구조를 어떻게 이해하고 진술하느냐에 대한 논쟁의 신학이었다. 그런데 이것이 바로 신학의 한계점이었다. 왜 신학자들은 삼자 간의 관계에만 집착하며, 창조주와 피조물 간의 관계 및 피조물 상호 간의 관계에 대한 거시적 신학은 구상하지 못했는가? 누구도 이 질문에 정답을 내기는 어려울 것이다. 어쩌면 이 질문에는 정답이 없을 수도 있다. 교회의 도구에 불과했던 신학이 스스로 할 수 있는 일이란 제한적일 수밖에 없었기 때문이다. 그러나 비록 상황이 그러했다 하더라도 아무도 거시적으로 신학 할 수 있는 길을 발견하지 못했다는 것은 기이한 일이다.

앞으로 신학은 교회의 도구라는 의식을 털어버리고 교회가 신학에 의해 형성되어간다는 인식을 할 수 있도록 교회를 의식화해야 한다. 신학이 교회의 도구로 전락하거나, 교회의 요구대로 주문상품이나 만들어내게 되면 이런 신학은 더 이상 학문으로 기능할 수 없다. 신학의 학문적 기능 상실은 교회 자체가 신학다운 신학으로 뒷받침될 수 없기 때문에 결국 교회의 쇠락으로 이어지게 된다.

신학이 학문으로서 해야 할 기능을 할 수 없다면, 교회를 위한 학문으로서의 신학은 교회의 전통적 관습에 의해 노리개처럼 이용되며, 이 지경에 이르게 되면 교회는 저질화되고, 기독교는 무속종교로 전락하게 된다.

모든 학문은 대상뿐 아니라 방법까지도 항상 새롭게 인식 · 수용해가며 발전하게 된다. 그렇지 않으면 학문의 연구기능은 정체될 수밖에 없다. 학문의 정체성(停滯性)은 그 학문의 학문성 자체를 폐쇄적으로 만들기 때문에 궁극적으로는 학문으로서의 기능을 상실하게 된다. 신학의 경우도 예외는 아니다. 교회는 신학에 의해 많은 도움을 받으면서도 신학을 지배해야 한다는 고집으로 신학의 자유를 억압해왔다. 그러나 교회의 이런 인식으로는 신학의 발전은 물론 교회의 발전도 기대할 수 없다. 신학이 교회를 위한 학문이어야 한다는 것은 역으로 말하면 교회는 신학이 교회를 위한 학문이 될 수 있도록 성장의 자유를 주어야 한다는 것을 의미한다. 신학에 대한 교회의 인식이 이 정도쯤 성숙되어 있다면 교회는 신학의 새로운 학문이론도 수용할 수 있게 될 것이다.

신학의 새로운 학문이론이란 무엇인가? 나는 신학이 교회의 도구로 사용되면서도 교회를 위해 공헌한 바가 크다고 생각한다. 하지만 신학이 신-인간-그리스도 간의 관계구조만을 신학함의 정도로 인식해왔던 것에는 이의를 제기한다. 이런 신학이 지난 2000년 동안 기독교를 이끌어왔지만, 지금은 새로운 안목으로 신에 대한 인식의 눈을 떠야 신학은 물론 기독교 자체가 인류를 위해 공헌할 수 있게 된다.

이 신학은 신학의 부분적 진리에 집착해왔던 과거의 비생산적 논쟁을 접고 신학의 원형을 추구하며 신학을 이런 구조로 체계화해갈 수 있는 신학이다. 신은 인간과의 관계만으로 존재하는 창조주가 아니다. 그러므로 지금은 신학자들뿐 아니라 목회자들도 이런 인식의 오류가 참신학의 길을 막는 장애물임을 시인하고, 새로운 신학으로 신학을 하고 목회를 해야 한다. 세계관이 급변하고 있는 상황에서도 기독교가 인류를 위한 종교로서 자신의 위치를 유지할 수 있으려면 신학의 원형에 의존하는 수밖에 없다. 이 신학은 신 · 토 간의 관계구조로 형성된 신학이므로 특정 민족을 위한 민족신학도 특정 지역을 위한 향토신학도 아니다.

# II 神土不二 神學 論考

# 신토불이 신학의 본질

5장

# 신, 창조와 현상학

## 1. 신독점주의 신학의 한계와 그리스도중심주의 신학의 문제

고등종교의 공통점은 민족신 중심의 민족종교로서 배타성을 가지고 있다는 점이다. 유대교의 경우 이런 경향은 더욱 두드러진다. 유대교는 창조주 신이 유대 민족만의 신으로 역사(役事)한다고 믿으며, "신독점주의(theomonopolism)"[1]에 집착하고 있는 유대 민족의 종교다. 그러나 창세기 1장부터 3장까지의 기록의 골자는 신

1) "신독점주의"란 필자가 신조한 학술용어다. 한숭홍, "신, 그는 누구인가?" 『본질과 현상』 통권 5호(2006 가을), pp. 209-10; 한숭홍, "태초에 언어가 있었다," 『본질과 현상』 통권 9호(2007 가을), p. 106; 한숭홍, "神土不二 신학의 방법론은 신학적인가?" 『본질과 현상』 통권 13호(2008 가을), pp. 243, 248; 한숭홍, "한국 기독교사, 어떻게 읽을 것인가?" 『본질과 현상』 통권 15호(2009 봄), pp. 180, 194-95, 198, 203.

을 어느 특정 민족의 신으로 규정하고 있지 않고, 만물의 창조주로서, 온 인류의 신으로서 묘사하고 있다. 이런 신관에 대한 규정은 창세기 11장 바벨탑 건설(der Turmbau zu Babel)에 관한 기록에서도 확인할 수 있다. 바벨탑 사건은 신학자들마다 여러 가지 관점에서 해석할 수 있을 것이다. 아마 구약성서 신학자들 중에는 이 사건을 고대 중근동 역사나 문화, 설화나 신화 등과 연계하거나 성서고고학적으로 접근하며 해석하려는 이들도 있을 것이다. 이 사건을 어떻게 해석하든지 간에 인류는 바벨탑을 쌓던 시점까지만 해도 하나님의 형상으로서 "한 족속(einerlei Volk)"이며, "한 언어(einerlei Sprache)"를 사용하는 세계에 살고 있었다는 점이다. 이 말의 이면에 담긴 의미는 신은 온 인류의 신이며, 온 인류는 신에 의해 창조된 근본이 같은 "무리들"이라는 것이다. 기록을 보면 다음과 같다.

> [1]온 땅의 언어가 하나요 말이 하나였더라 …… [5]여호와께서 사
> 람들이 건설하는 그 성읍과 탑을 보려고 내려오셨더라 [6]여호와께
> 서 이르시되 이 무리가 한 족속이요 언어도 하나이므로 이같이 시
> 작하였으니 이후로는 그 하고자 하는 일을 막을 수 없으리로다
> [7]자, 우리가 내려가서 거기서 그들의 언어를 혼잡하게 하여 그들이
> 서로 알아듣지 못하게 하자 하시고 [8]여호와께서 거기서 그들을 온
> 지면에 흩으셨으므로 그들이 그 도시를 건설하기를 그쳤더라 [9]그
> 러므로 그 이름을 바벨이라 하니 이는 여호와께서 거기서 온 땅의
> 언어를 혼잡하게 하셨음이니라 여호와께서 거기서 그들을 온 지
> 면에 흩으셨더라(창 11:1-9).

바벨탑 사건 이후 구약성서의 내용은 헤브라이즘 일색으로 채색되어갔다. 창조신학의 신관이 과격한 민족 신관으로 탈바꿈하게 된 것이다. 만일 모세가 "한 족속"이 "온 지면"에 흩어졌지만 "주 하나님"은 하나라는 점을 계속 부각하며 종교사상을 정립해갔더라면, 오늘의 유대교는 범세계적이며, 범인류적인 종교로서 그 위용을 드러내며 인류에 공헌할 수도 있었을 것이다.

출애굽기를 기록하면서부터 구약성서 기자들은 오직 유대 민족신에 관한 이야기, 타 민족을 저주하고 증오하고 정복하고 멸족하는 신에 관한 이야기로 유대교의 유일신론을 정립했다(민 21:14; 사 5:23, 44:6–8). 이 신이 곧 이스라엘의 신이며(삼상 6:20; 사 1:4, 24, 5:24, 17:6, 24:15, 29:23, 30:11–12, 31:1, 41:14, 16–17, 20, 43:3, 14–15, 45:11, 15, 47:4, 48:1–2, 48:1–2, 17, 49:7), "이스라엘의 지존자"(삼상 15:29)이며, 유대교의 신이며, 구약의 하나님이다. 유대교는 유대 민족만을 위한 신, 유대 민족의 제사만 받는 신과만 관계된 종교며, 신독점주의 신학으로 극단화된 종교다. "대저 나는 여호와 네 하나님이요 이스라엘의 거룩한 이요 네 구원자임이라"(사 43:3). 바로 이 한 구절로 구약성서는 유대주의 일변도 신관을 표명했고, 이로써 선민의식과 성지사상으로 포장된 유대교의 인종차별주의를 합리화했다. 구약성서에서는 신을 일컬어 "엘로힘(Elohim)", "여호와(Jehovah, Jahweh)"라 하지만, 때로는 "엘(El)", "엘 샤다이(El Shaddaj)", "엘 엘욘(El Elyon)", "아도나이(Adonai)", "야(Jah)", "야훼 체바옷(Jahweh-Tsebaoth)"이라고도 한다. 구약성서에서 신이 어떻게 호칭(呼稱)되든지 간에 중요한 사실은 이스라엘 민족만을 위한 신이라는 것이다.

그 반면에 예수 그리스도에 의해 시작된 기독교는 처음부터 유대교와는 다른 신관을 갖고 있었기 때문에 유대교와 공존하거나 상생할 수 있는 어떠한 성향도 공유하고 있지 않았다. 기독교는 보편적 신(요 3:16, 12:32; 요일 4:9)을 말하며, 신은 사랑으로서 만민의 신이며(마 5:45; 눅 6:35; 요일 4:8), 이방민족의 신도 된다는 점을 강조한다(롬 3:29). 예수 그리스도는 이 신이 구원자임을 가르쳤고, 당신 스스로 인간이 된 사건을 통해 인간에게 구원을 받으라고 설교했으며, "모든 민족을 제자로 삼아 …… 내가 너희에게 분부한 모든 것을 가르쳐 지키게 하라"(마 28:19-20), "너희는 온 천하에 다니며 만민에게 복음을 전파하라"(막 16:15), "예루살렘과 온 유대와 사마리아와 땅 끝까지 이르러 내 증인이 되라"(행1:8)는 마지막 당부를 하고 승천했다. 그러나 그를 따르던 제자들은 물론 사도들과 교부들을 비롯하여 그 후 기독교 신학을 체계적으로 정립해갔던 스콜라 신학자들까지도 기독교를 그리스도중심주의 종교로 주형하며 "왜 신이 인간이 되었는가?(*Cur Deus homo*, Anselm of Canterbury)"에만 관심을 기울였을 뿐 "왜 신이 창조주가 되었는가?(*Cur Deus Creator*, 神土不二 神學)"에 대하여는 신학적으로 접근하지 못했다. 나는 기독교의 근본문제는 기독론에 집중되어 있다는 점을 부정하지 않는다. 다만 그리스도의 본질에 대한 기독교 신학의 이해에는 문제가 있음을 신학 2000년사를 통해 감지할 수 있었다. 신은 아담의 후예들만을 위해 이 땅에 강림한 그리스도가 아니고, 그의 피조물 전체를 구속할 목적으로 땅화된 그리스도, 신 · 토 관계회복을 위한 중보자였다. 그러므로 신이 인간이 된 사실보다는 신이 창조주가 되었고, 그의 피조물을 창조-타락-구속의 과정을 통해 구속한 점에 기독론의 의의가 있다. 이런 관점의 신학이 창조신학적-구속신학이며, 나는 신학의 이런 새로운 패러다임을 신학의 원형이라고 규정했고, 신토불이 신학에서 그 원형을 찾았다.

유대교는 구속의 종교가 아닌 신중심주의 종교이며, 더욱이 이 신마저도 유대인을 위한 신으로 숭배되기 때문에 종교로서 한계성을 갖고 있다. 그 반면에 기독교는 기독론 일변도 신학에 치우치면서 창조신학에는 상대적으로 무관심했던 한계성을 갖고 있다. 한마디로 말해서 유대교는 구속신학에, 기독교는 창조신학에 큰 의미를 두지 않았기 때문에 거시적으로 그리고 냉철하게 보면 서로 부족한 종교성을 가진 종교들이다. 나는 이 점을 보완하기 위하여 신중심주의적이며 그리스도중심주의적인 신학, 정확히 표현하면 "신독점주의적-그리스도중심주의 신학(theomonopolistic-Christocentric theology)"을 주장했다.[2] 나는 신중심주의 아니면 그리스도중심주의여야 한다는 이런 두 가지 극단적이며 편향적인 신학을 지양해서 신이 만물을 창조한 목적과 그리스도로 성육신한 목적이 하나로 아우러진

2) "신독점주의적-그리스도중심주의 신학"이란 필자가 신조한 학술용어다. 나는 이 용어를 "창조신학적-구속신학"이라는 의미와 같은 맥락에서 사용하기도 한다. 이 개념에는 창조주 신이 유대인들만 독점할 수 있는, 저들만을 위한 신이 아니고 신의 형상인 모든 사람들과 창조 때부터 궁극적으로 관계하고 있는 신이며 동시에 그의 피조물을 구속하기 위해 땅화된 그리스도이기도 하다는 신토불이 신학의 중심사상이 내포되어 있다.

신학을 설계했다. 이 신학을 신학의 원형, 신토불이 신학이라고 한다. 그렇다면 신토불이 신학에서는 이 문제를 어떻게 풀어가고 있는가? 단적으로 말해 신토불이 신학에서 신은 어떤 존재인가? 이 질문에 대답해가는 과정에서 신토불이 신학은 시작한다.

## 2. 신은 어떤 존재인가?

신에 대한 다양한 진술들을 비교해보며 신토불이 신학이 주장하는 신은 어떤 존재인지 조명해보는 것도 의의 있는 일일 것이다. 다음과 같이 몇 가지로 정리한다.

첫째, 출애굽기의 기록을 보면 신은 모세에게 "나는 스스로 있는 자"(출 3:14)라고 자신의 이름을 밝혔다. "나는 스스로 있는 자"란 "나는 나"라는 의미와 동의어로서 피조물의 본질을 규정하는 방식으로는 설명될 수 없는 이름이다. 만물은 주체와 객체의 일치로 존재한다. 다시 말해 만물은 존재하기 위해 또 다른 존재를 필요로 하고, 이런 관계를 통해 상호적으로 존재한다. 예를 들어 바위가 존재하기 위해서는 땅이 필요하다. 이처럼 만물이 존재하기 위해서는 존재의 조건을 필요로 하는데, 이것을 범주라고 한다. 그러나 신은 '존재 그 자체(das Sein an sich)'이므로 존재하기 위하여 어떤 조건도 필요로 하지 않는다. 신 자체가 존재의 근원이며, 사물을 있게 하는

'존재 자체(das Sein selbst)'이기 때문이다.

둘째, 아낙시만드로스(Anaximandros)는 만물의 근원을 "아페이론(*Apeiron*)"이라고 했다. 아페이론은 무한자(無限者)이며, 불멸의 존재이며, 생성된 존재가 아닌 스스로 운동하는 존재다. 아페이론으로부터 만물을 생성하는 열과 냉이 분리되어 나와 만물이 생겨난다. 아페이론은 만물의 원소재이기 때문이다. 아페이론이란 만물이 생성되는 막막한 근원이다.[3]

셋째, 플라톤(Platon)은 물질적 존재에 대립되는 비물질적 존재를 "이데아(*Idea*)"라고 했다. 그에 따르면 이데아는 사물로 하여금 사물이 되게 하지만, 사물의 숫자만큼 있는 것은 아니다. 같은 유(類)에 속하는 사물들에는 하나의 이데아만 존재할 뿐이다. 예컨대 이 세상에 장미꽃들은 수없이 많지만 장미꽃의 이데아는 하나뿐이며, 장미꽃이 시들어버려도 장미꽃의 아름다움의 이데아는 변하지 않는다. 플라톤은 이 이데아, 사유의 대상이 되는 것 그 자체를 형상(形相, *eidos*)이라 했고, 사물을 이데아의 그림자, 이데아의 모방(模倣, *mimesis*)이라고 했다. 이데아를 사물이 사물로서 고유성을 가질 수 있도록 하는 원형으로 이해하기도 한다. 이데아를 신적 개념으로 간주하는 이들도 있다.[4]

---

3) Max Dessoir, ed., *Die Geschichte der Philosophie* (Wiesbaden: Fourier Verlag, o.J.), pp. 17-18, 151; Johannes Hirschberger, *Geschichte der Philosophie 1: Altertum und Mittelalter* (Freiburg · Basel · Wien: Herder, 1981), pp. 20-22.

4) Max Dessoir, ed., *Die Geschichte der Philosophie*, pp. 78ff, 102-109, 178-85; Johannes Hirschberger, *Geschichte der Philosophie 1: Altertum und Mittelalter*, pp. 105-15.

넷째, 아리스토텔레스(Aristoteles)에 따르면 개별자에 본래부터 들어 있는 궁극적인 무엇은 본질(本質)이고, 이 구체적인 개별자는 실체(實體)다. 실체는 형상(形相, *eidos*)과 질료(質料, *hyle*)의 결합으로 이루어져 있다. 질료는 사물을 만드는 재료이고, 형상은 사물로 하여금 사물이 되게 하는 것이다. 질료가 계속 질료의 질료로 운동한다면 제1 질료가 된다. 그러나 제1 질료 역시 아무리 궁극적이라고 하더라도 그 자체에 형상이 있게 마련이다. 이에 반하여 형상은 계속 더 완전한 형상을 지향하며 운동하게 되는데, 이렇게 도달한 최후의 형상이 곧 제1 형상이다. 제1 형상은 더 이상 운동하지 않으며, 만물을 움직일 뿐이다. 이것을 아리스토텔레스는 "부동의 동자(unbewegter Beweger)," 곧 신이라고 했다. 신은 순수 형상, 질료 없는 형상이다. 만물이 존재할 수 있게 된 원인을 계속 추적해 올라가보면 더 이상 원인이 될 수 없는 "원인들의 원인(*causa causarum*)," 즉 "원인 자체(*causa sui*)"에 도달하게 된다. 이것을 제1 원인, 자기 원인이라고 한다. 신은 자기 원인인 동시에 궁극 원인이다.[5)]

다섯째, 스피노자(Baruch de Spinoza)는 신을 사물의 본성과 형상을 창조적으로 산출하는 원인이며 "소산적 자연(*natura naturata*)"에 대하는 "능산적 자연(*natura naturans*)"이라 했다. 그는 신이 '스스로(自) 그러하다(然)'고 주장하며 "신즉자연(神卽自然, *deus sive natura*)"을 역설했고, 교회는 그를 범신론자로 낙인찍었다. 그는 "스스로 있는 자"를 "자

---

5) Max Dessoir, ed., *Die Geschichte der Philosophie*, pp. 173-78; Johannes Hirschberger, *Geschichte der Philosophie 1: Altertum und Mittelalter*, pp. 219-25.

연"으로 이해했지만 기독교는 그의 주장을 받아들일 수 없었다.[6)]

여섯째, 우리는 우주가 무한하다고 말하곤 하지만, 우주 자체는 공간적 실재이므로 우주를 이루고 있는 것은 무수한 극이다. 우주를 원으로 비유하면 원의 표면에는 극점(極點)이 무수하게 많이 있다. 만일 신이 어느 극의 한 극점을 소유한 존재라거나 신 자체가 무한한 극이라고 한다면, 이것은 신이 유한하다는 것, 그렇기 때문에 피조된 것이라는 점을 말하는데, 이런 존재는 결코 창조주가 아니다. 신에게는 극이 없다. 신은 무한한 존재이기 때문이다. 신을 무한한 극으로 진술할 수는 있겠지만 이마저도 신 자체가 아니고 "태극(太極)"인 것이다. 신은 태극의 생성자이며, 태극을 있게 한 궁극적 존재이며, 만물의 근원이다. 이 존재가 "무극(無極)"이다. 그러므로 무극은 생명력을 가진 존재, 만물의 생명 자체다. 이 존재를 아낙시만드로스는 "무한자"라 했고, 플라톤은 "이데아"라 했으며, 아리스토텔레스는 "제1 원인"이라고 했다. 무극이 태극의 생성자라는 것은 무극이 창조목적과 창조질서에 따라 만물을 창조했다는 것을 의미한다. 이 말은 무극은 만물을 있게 한 "자기창조적 존재(self-creative Being)"이고, 그 자신은 스스로 있는 "자기존재적 존재(self-ontic Being)"이며, 객관적 존재가 아닌 "자기주관적 존재(self-subjective Being)"임을 의미한다.[7)] 무극은 신으로서 스스로 있으며, 무한자로 존재하고, 만

---

6) Max Dessoir, ed., *Die Geschichte der Philosophie*, pp. 420-28; Johannes Hirschberger, *Geschichte der Philosophie 2: Neuzeit und Gegenwart* (Freiburg · Basel · Wien: Herder, 1981), pp. 137-42.

7) 한숭홍, "神土不二 신학의 방법론은 신학적인가?" pp. 234-37.

물의 원형이며, 만물을 창조하지만 스스로는 창조되지 않은 존재인 것이다. 그 스스로 있는 존재, 그래서 자연으로도 이해될 수 있는 존재가 무극이다.

신이 창조한 피조물은 현상계를 이루고 있다. 이 현상계는 천 · 지 · 인이라는 세 가지 실재들로 채워져 있으며 신의 창조목적과 창조질서로 실체화되어 있다. 피조물은 각각 독자적인 방식으로 존재하며 성질에 있어서도 서로 다르지만, '존재(存在)'와 '생성(生成)'이라는 공통성을 갖고 있다. 예를 들어 모든 피조물은 "그렇게 있음('so zu sein' → 'Sosein')"과 "그렇게 되어감('so zu werden' → 'Sowerden')"이라는 두 가지 본래성을 함께 지니고 있으며, 숙명적으로 존재 · 생성의 과정에 의해 지배되고 있다. '그렇게 있음'이란 만물의 '존재방식'으로서 이를 가능케 하는 것은 "프린시피아(*Principia*)"다. 그리고 '그렇게 되어감'이란 만물의 '생성방식'으로서 이를 가능케 하는 것은 "에네르기아(*Energia*)"다.[8] 만물의 존재방식을 결정하는 프린시피아는 '이(理)'이며, 만물의 생성방식을 결정하는 에네르기아는 '기(氣)'다. 그러므로 현상계의 모든 피조물은 본래적으로 이가 있기 때문에 기가 있는 존재로, 그리고 기가 있기 때문에 이가 있는 존재로

---

8) *Energia*의 어원은 그리스어 *energeo*이다. 신토불이 신학 용어 *Energia*와 Aristoteles의 철학 용어 *energeia*는 같은 어원에서 파생되었지만 서로 다른 의미로 사용된다. 나는 피조물 자체에 "원피조성"으로서 이미 그렇게 되게 하는 활력(活力)이 있다고 보며, 이를 기(氣)라 규정하고, *Energia*라 표기한다. 그 반면에 Aristoteles는 질료가 형상을 이루게 되는 현실태(現實態)를 *energeia*라 규정했다. 다시 한 번 분명히 말하거니와 *Energia*는 *energeia*의 오기(誤記)도 아니고 동의어도 아니다. 신토불이 신학에서는 *Energia*를 *Principia*의 상대 개념으로 사용한다.

있다. 한마디로 'Sosein'을 배제하고 'Sowerden'이나, 'Sowerden'을 배제하고 'Sosein'은 있을 수 없다. 이처럼 이와 기는 둘이면서 하나이고, 하나이면서 둘이다. 그러므로 이기일원론(理氣一元論)이니, 이기이원론(理氣二元論)이니 하는 논쟁은 비생산적이다. 분명히 말하거니와 이와 기는 만물의 본디이며, 이기일체(理氣一體)의 존재론적 양태가 태극이다. 정리하면 태극에 의해 만물이 만들어진 것이 아니고, 무극에 의해 생성된 만물이 '그렇게 있음'과 '그렇게 되어감'으로 존재할 수 있도록 하는 존재, 즉 만물의 존재 · 생성을 포괄하고 있는 존재가 태극이다.

신학 2000년사는 그리스도중심주의 신학의 역사였다. 신학의 이런 경향 때문에 신의 창조목적과 창조질서에 대한 담론은 크게 부각되지 못했다. 몇몇 신학자들이 창조신학에 대하여 신학적 관심을 기울이기는 했지만, 저들 역시 이 문제를 거대담론으로까지는 이끌어가지 못했다. 신학의 원천은 신의 존재에 대한 본질직관으로부터 발원한다. 그러므로 신학은 창조주와 피조물 간의 본래적 관계로부터 실마리를 풀어가야 한다. 신은 '창조 이전(vor Genesis)'부터 스스로 있는 존재였지만, '창조 이후(nach Genesis)'에야 비로소 창조주 신으로서 섭리(攝理)하고 역사(役事)하는 존재가 되었다. 신은 피조물이 있으므로 지금 우리들이 믿는 창조주 신으로 신앙되는 것이다. 이처럼 창조주와 피조물은 서로 불가분의 관계를 맺고 있다. 창조 이전에도 신은 존재했지만, 창조주로서 존재한 것은 아니다. 이 말은 창조되지 않은 피조물이란 존재하지 않는다는 것을 의미한다.

피조물이란 어떤 실재인가? 이미 고대 그리스 철학자들은 만물의 근원에 대하여 철학하기 시작했다. 탈레스(Thales)는 물을, 아낙시메네스(Anaximenes)는 공기를, 헤라클레이토스(Heracleitos)는 불을 만물의 원질(原質)이라 했고, 엠페도클레스(Empedocles)는 물, 공기, 불, 흙을 만물의 뿌리(*rhizomata*)라 했다. 이 4원소들은 동질소(同質素, *homoiomereiai*)로서 이들이 서로 사랑(引力)하게 되면 물체가 생성되고, 서로 증오(斥力)하게 되면 소멸된다는 것이 그의 주장이다.[9)]

어쨌든 피조물은 원소로 구성되어 있다는 것인데, 만일 신이 피조물을 여러 원소로 창조했다면, 피조물 각각은 신과 서로 다른 방식으로 관계될 수밖에 없을 것이다. 무에서 유를 창조한 신의 창조목적과 창조질서의 신학에서는 이런 주장들을 결코 수용할 수 없다. 피조물은 서로 다른 존재성을 가진 존재로 창조됐다. 그러나 모든 피조물은 질료라는 공통성을 가지고 있고, "창진(創進)" 과정에서 동일한 운동을 하며,[10)] 서로 불가분의 관계를 맺고 있으며, 범주적 존재의 특징을 가지고 있다. 그러므로 신학이 진정으로 참신학이 되려면 만물의 공통된 본질을 창조신학의 관점에서 다루었어야 한다. 신은 말씀으로 만물을 창조했고(창 1:3-31), 흙으로 인간을 만들었으며(창 2:7), "흙으로 각종 들짐승과 공중의 각종 새를" 창조했고(창

---

9) Max Dessoir, ed., *Die Geschichte der Philosophie*, pp. 14-25, 55-57; Johannes Hirschberger, *Geschichte der Philosophie 1: Altertum und Mittelalter*, pp. 18-42.

10) "창진"이란 필자가 신조한 학술용어다. 나는 이 신조어를 '지속적 창조(*creatio continua*)'의 속성과 '지속적 진화(*evolutio continua*)'의 속성이 피조물의 본래성이라는 의미로 사용한다. 한숭홍, "종교론," 『본질과 현상』 통권 12호(2008 여름), pp. 166-67; 한숭홍, "神土不二 신학의 방법론은 신학적인가?" pp. 235-36, 248.

2:19), 특히 인간에게는 자신의 생기를 코에 불어넣어 다른 피조물과 구별해서 생령으로 창조했다(창 2:7). 말씀으로 창조된 피조물에는 말씀의 창조성이 공유되어 있기 때문에 피조물은 동질이상(同質異像)일 뿐, 근원적으로는 동일한 것이다. 인간은 그 모든 피조물 위의 최고의 피조물로 창조되었다(창 1:26–30). 창세기의 천지창조 기록에는 이런 신학적 진리와 의미가 기저(基底)에 깔려 있다.

피조물은 물질로 되어 있다. 물질의 궁극적 목적은 흙이 되는 것이다. 그러므로 피조물이 '있다'는 것은 피조물은 흙으로 '되어 간다'는 것을 의미한다. 최초의 인간 아담(Adam)도 흙으로 지어졌다. 아담의 어원도 '사람', '붉은 땅'이다. 이것은 흙이 피조물의 "원피조성(Urgeschöpflichkeit)"임을 의미한다.[11] 아담의 배필 하와는 "모든 산자의 어머니"(창 3:20)로서 '생명'의 근원이란 의미를 가지고 있다. 뿐만 아니라 하와는 흙인 아담의 갈빗대로 만들어졌으므로 흙인 것이다. 흙은 피조물의 "원존(原存, *archeon*, Ursein)"이다.[12]

선악과 사건 이후 신의 저주와 진노가 시작되었다. 뱀에게는 배로 다니며 흙을 먹어야 하는 저주를 내렸고(창 3:14), 하와에게는 "임신하는 고통"(창 3:16)을 주었다. 땅은 인간 때문에 저주를 받아(창 3:17) "가시덤불과 엉겅퀴"(창 3:18)가 자라는 불모지가 되었다. 신은

11) "원피조성"이란 필자가 신조한 학술용어다. "원피조성"이란 피조물의 실체를 이루고 있는 성향(Anlage)이다. 피조물의 본질은 예외 없이 흙이며, 흙은 창조 때부터 이미 신 · 토 관계로 구조되어 있는 피조물의 본래성을 가지고 있다. 그러므로 토의 실재들인 천 · 지 · 인은 창조 때 이미 흙의 본래성으로 실체화되었다. 신토불이 신학은 피조물의 이런 본질을 "원피조성"이라고 규정한다.

12) "원존"이란 필자가 신조한 학술용어다.

아담에게 "네가 흙으로 돌아갈 때까지 얼굴에 땀을 흘려야 먹을 것을 먹으리니 네가 그것에서 취함을 입었음이라. 너는 흙이니 흙으로 돌아갈 것이니라"(창 3:19)라며 저주했다. 아담은 흙이므로 흙인 땅에 대한 저주는 아담에 대한 저주와 같은 의미를 가진다.

> [17]아담에게 이르시되 네가 네 아내의 말을 듣고 내가 네게 먹지 말라 한 나무의 열매를 먹었은즉 땅은 너로 말미암아 저주를 받고 너는 네 평생에 수고하여야 그 소산을 먹으리라(창 3:17).

이 구절은 원죄를 생태신학의 관점에서도 해석할 수 있음을 시사한다. 엄밀히 말해서 땅이 저주받을 죄를 지은 것은 아니다. 오히려 땅은 인간으로 인해 피해를 본 것이다. 인간이 "먹음직도 하고 보암직도 하고 지혜롭게 할 만큼 탐스럽기도 한 나무"(창 3:6)의 열매를 따먹었기 때문에 땅을 꾸미고 있던 자연환경이 파괴된 것이다. 이처럼 땅이 생태계 파괴의 피해자인데도 저주를 받은 이유는 무엇인가? 한마디로 땅이 저주를 받는다는 것은 흙인 아담과 그의 "뼈 중의 뼈요 살 중의 살"(창 2:23)인 배필 하와를 저주한다는 암묵적 의미를 표현한 것이다. 어쨌든 여기에서 중요한 것은 뱀, 하와, 아담, 땅이 신으로부터 저주를 받았는데, 이로써 신의 창조목적과 창조질서가 달라졌다는 점이다. 이 사건은 신과 신의 피조물인 식물과 동물, 땅, 인간 등이 모두 동원된 대 드라마로서 창조주와 피조물 간의 총체적인 관계를 창조신학적 관점에서 연출한 것이라 할 수 있다. 신은 바로 이 흙과의 관계를 통해 창조주로서 존재하며 인간의 원형으로 존재하는 것이다.

피조물의 공통성은 물질로 구성되어 있다는 점이고, 물질의 궁극성(窮極性)은 흙으로 돌아간다는 점이다. 이미 이런 진리가 창조신학의 핵심이다. 혹자는 어떻게 피조물을 흙이라고 단정할 수 있는가 라며 반론을 펴겠지만, 피조물 중에 흙에 속하지 않고, 흙으로 돌아가지 않는 피조물이 있는지 관찰해보면, 피조물은 그 자체가 흙이라는 것을 이해할 수 있을 것이다. 문제는 창조주와 피조물, 신과 토의 관계를 신학으로 진술하는 것이다.

신토불이 신학은 신 · 토 관계를 신학화하면서 피조물은 창조목적과 창조질서에 따라 궁극적으로는 흙으로 돌아간다는 흙에로의 회귀성(回歸性)을 강조하며 부각하는 신학이다. 그렇기 때문에 창조의 본래 목적에 접근하는 신학이라는 점에서 신학의 원형이라고 한다.

## 3. 토의 현상

고등종교들은 만물의 기원 문제에서 출발하고, 만물을 있게 한 존재에 대해 관심을 가지면서 형성된다. 만물은 물질로 되어 있고, 종래에 물질로 돌아가게 된다는 것은 만고불변의 진리다. 이 물질의 본래성을 흙이라고 한다. 창세기에서는 아담이 흙에서 와서 흙으로 돌아가야 하는 창조질서의 한 과정을 서술하고 있다(창 2:7, 3:19). 그러나 아담만 흙인 것은 아니다. 앞에서도 언급했지만, 흙은 피조물의 원존이며, 유(有)를 유로서 유되게 한 원초적 유다. 그러므로 흙에서 흙으로 돌아간다는 것은 만물이 왔던 곳으로 돌아간다는 것을 의미하는 것이다. 흙은 만물이 생성되는 바탕이며, 만물이 돌아가야 하는 근본이다. 흙의 이 회귀성 때문에 만물은 생성 · 소멸의 변화과정을 계속할 수 있는 것이다.

그러나 만물은 그 수를 헤아릴 수 없을 정도로 많기 때문에 그 하나하나를 다 인식하고 규명하기란 사실상 불가능하다. 신토불이 신학은 만물을 형이상(形而上)의 실재인 천(天), 형이하(形而下)의 실재인 지(地), 이 두 실재들을 아울러 인식할 수 있는 실재인 인(人) 등 셋으로 나눠 토의 현상으로 규정한다. 그러므로 신토불이 신학에서는 천 · 지 · 인을 태극의 근본이 표출된 세 가지 실재들로 규정할 뿐 우주를 주장하는 삼재(三才)나 삼태극으로 이해하지 않는다.[13] 천 · 지 · 인의 기체는 흙이므로 서로 동질적(同質的)이며, 현상적(現像的)으로만 상이한 "동질삼상(同質三像, trimorphism)"일 뿐이다. 우리는

---

13) 허호익, "하나님의 형상론 연구: 하나님의 형상의 삼중적 삼중관계와 천지인의 조화,"『기독교신학논총』제24집(2002), pp. 277-310; 허호익, "천지인 신학의 성서적 신학적 근거 모색,"『문화와 신학』통권 제12집(2008), pp. 11-40; 박신배, "태극 신학: 한국 신학의 새로운 가능성," ibid., pp. 119-45. 허호익 교수의 "천지인 신학"은 한국 신학사상 처음으로 삼위일체 신을 한국인의 오래된 우주관으로 신학화했다는 점에서 새로운 신학으로서 의의가 크다. 박신배 교수의 "태극 신학"은 신학의 스펙트럼을 넓히려는 시도를 하며 태극을 해석하여 자신의 신학으로 정립하려 시도했던 점이 돋보이는 신학이다. 이 두 신학은 나의 신토불이 신학과도 대화가 가능하며, 서로 보다 많은 토론을 통하여 발전적으로 담론화할 필요가 있다고 생각한다.

오랫동안 천(天)을 "하늘", "천제(天帝)" 등의 의미로 사용해왔고, 때로는 신으로 숭배해왔지만, 신토불이 신학은 천(天)을 지(地)나 인(人)과 더불어 토의 실재로 간주한다.

## 4. 신 · 토 관계의 창조신학적 구조

### 1) 신과 토의 관계

신 · 토 관계는 '위에서 아래로', '아래에서 위로' 부단히 지향하고 있는 운동성을 갖고 있으며, 수직적 관계로 구조되어 있다. 이 관계에 내재되어 있는 성향이 신토성(神土性)이다.[14] 그러므로 신토성은 신의 창조목적과 창조질서는 무엇이고, 신은 피조물과 어떻게 관계하고 있으며, 피조물의 원피조성에서는 신이 어떻게 섭리(攝理)하며 역사(役事)하고 있는가 등등 창조신학의 근본문제들을 그 자체 안에 포함하고 있다. 이런 맥락에서 보면 신토불이 신학은 신토성을 규명하는 신학이라 할 수도 있다.

창세기 1장에서는 "하나님이 이르시되(Gott sprach)"에 의해 만물이 창조되고, "그대로 되니라(es geschah so)"에 의해 만물이 신의 창조목적과 창조질서에 부합하는, 그래서 "하나님이 보시기에 좋은

14) 한숭홍, "神土不二 신학의 방법론은 신학적인가?" p. 248.

(Gott sah, daß es gut war)" 피조물로 존재하게 된 과정을 서술하고 있다. 만물이 "하나님이 이르시되"에 의해 창조됐다는 것은 피조물에는 공통적으로 '신의 언어와 사고', 이른바 '신의 말씀(Wort Gottes)'이 내재되어 있다는 것을 의미한다. 이것이 피조물의 존재성이다. 신은 신의 언어로 말했고, 이로써 만물을 창조했다. 신은 지금도 말하고 있으며, 그래서 그의 창조는 계속되고 있다. 화자는 무엇을 말할 것인가를 먼저 생각하며 말하기 때문에 '말함(zu sprechen → Sprache)'에는 반드시 내용이 담기게 된다. 창세기 1장이 이를 입증하고 있지 않은가! "하나님이 이르시되"로 빛(창 1:3-5), 궁창(1:6-8), 바다와 땅과 식물(1:9-13), 해와 달과 별(1:14-19), 조류와 어류(1:20-23), 동물과 사람(1:24-41) 등이 창조되었지만, 실상인즉 "하나님이 이르시되"에는 '하나님이 생각하시되(Gott dachte)'가 이미 포함되어 있는 것이다. '하나님이 생각하시되'란 무엇을 왜, 어떻게 창조할 것인가를 구상하는 것, 즉 디자인하는 것이며, 신의 사고다. 정리해보면 "하나님이 이르시되"는 신의 언어로서 만물을 있게 한 창조의 원인이고, '하나님이 생각하시되'는 신의 사고로서 만물이 '그렇게 있음(Sosein)'의 존재방식과 '그렇게 되어감(Sowerden)'의 생성방식으로 존재할 수 있도록 하는 창조의 목적이다. 이 둘이 함축된 것이 신의 말씀이다. 이 말씀은 "피조물이 존재할 수 있는 가능태"다.[15] 여기에서 중요한 사실은 만물은 신의 말씀으로 창조되었지만, 그러나 인간만은 "모든 것을 다스리게" 할 목적으로 "하나님의 형상"(창 1:26-27)대로 창조되었다는

15) 한숭홍, "신, 그는 누구인가?" 『본질과 현상』 통권 5호(2006 가을), p. 206.

것이다. 이것은 만물은 오직 "피조성에 함유된 물화(物化)된 대상성이나 본능적 생동성만을 가진 객체"로 존재하지만, 인간만은 객체로서뿐 아니라 만물을 다스릴 수 있는 주체로서도 존재한다는 것을 의미한다.[16] 창세기 1장의 인간론을 정리하면 인간도 신의 말씀으로 창조된 피조물이지만 인간만 유일하게 신의 현상대로 창조됐다는 점이다. 이 사실에 대해 창세기는 다음과 같이 증언하고 있다.

> **26**하나님이 이르시되 우리의 형상을 따라 우리의 모양대로 우리가 사람을 만들고 그들로 바다의 물고기와 하늘의 새와 가축과 온 땅과 땅에 기는 모든 것을 다스리게 하자 하시고 **27**하나님이 자기 형상 곧 하나님의 형상대로 사람을 창조하시되 남자와 여자를 창조하시고(창 1: 26–27).

'하나님이 이르시되 남자와 여자가 있으라 하시니 그대로 되니라.' 신은 인간도 이렇게 다른 피조물을 만들 때처럼 창조할 수 있었지만, 인간을 창조하기 전에 왜 인간을 창조할 것인지에 대하여 신들 간에 서로 의논하여 결정한 후 "하나님의 형상"대로 창조한 것이다. 만물이 신의 말씀으로 창조됐다는 점, 즉 만물은 물질적이고 유한하다는 점에서 인간도 예외는 아니다. 다만 인간은 신의 말씀으로 창조되었을 뿐 아니라 "하나님의 형상"(창 1:26–27)대로 창조되었고, 흙으로 만들어졌으며 신의 "생기"(창 2:7)로 "생령"이 된 피조

16) 한숭홍, "기독교 인간관: 神土不二 신학의 관점에서," 『본질과 현상』 통권 2호(2005 겨울), p. 40.

물이므로 다른 피조물과는 질적으로 다르다.

창세기 2장에 따르면 신이 "하늘과 땅"(2:4)을 창조하고, "땅의 흙으로 사람"(2:7)과 "각종 들짐승과 공중의 각종 새"(2:19)를 창조한 기록이 있다. 오래전부터 구약성서 신학자들은 창세기 1장과 2장의 창조 설화를 주제로 신학논쟁을 벌여왔지만, 이 두 창조설이 전하려는 본래 목적이 무엇인지에 대하여는 접근조차 하지 못했다. 창세기 1장에서는 신의 말씀이 피조물의 존재성임을 말하고 있고, 창세기 2장에서는 인간과 동물은 물론 모든 피조물이 물질적이며, 물질은 흙이라는 사실을 말하고 있다. 말하자면 피조물은 예외 없이 신의 말씀으로 창조됐고, 피조물을 그렇게 되게끔 하는 가소성(可塑性)은 흙임을 이 두 창조설화는 말하고 있는 것이다. 흙은 피조물의 원피조성이며, "하나님이 보시기에 좋은" 꼴을 이룰 수 있는 가소성이다. 만물은 흙이며, 흙에서 흙으로 돌아가는 것이다. 만물 중에 흙이 되지 않는 것은 없다.

신은 천 · 지 · 인을 창조함으로써 피조물이 있을 수 있는 존재의 근원이 되었으며, 인간의 원죄로 이 관계가 단절될 수 있는 극한 상황에서도 피조물을 없애버리지 않고, 피조물 나름의 존재방식과 생성방식으로 존재할 수 있도록 했으며, 흙에서 흙으로 돌아오는 본래성(本來性)을 부여했다. 만일 신이 "선악을 알게 하는 나무의 열매는 먹지 말라. 네가 먹는 날에는 반드시 죽으리라"(창 2:17)라고 경고했던 그대로 "그 사람"을 죽였다면, 결과적으로 신은 사람을 잘못 창조했기 때문에 실패한 창조주가 되었을 것이고, 그래서 새로 사람을 창조했다면 그는 창조와 파괴의 신이 되었을 것이다. 그러나 신은 반드시 죽여야만 할 죄인을 살게 하기 위해서 그의 언약을 스스로 파기하면서까지 인간의 생명을 이어주었고, 이를 위해 스스로 흙(ădamah)인 아담(Adam), 즉 땅화되어 흙이 흙으로 돌아갈 수 있도록 한 것이다. 이렇게 신 · 토 관계에는 신의 땅화가 암시되어 있으며, "스스로 있는 자"이며 동시에 '스스로 땅화된 자'로서 신약시대를 개시(開始)한 것이다. 신토성(神土性)은 피조물을 향한 신의 하향적 관심과 신을 향한 토의 상향적 관심을 사실 그대로 담고 있다. 토가 신을 향해 상향적으로 반응하는 것은 토에로 돌아가려는 회귀성을 갖고 있기 때문이다. 다시 말해 모든 피조물은 항상 창조주에게로 지향하는 본성을 갖고 있다.

### 2) 천 · 지 · 인 간의 관계

신토불이 신학은 신 · 토 관계에 내재되어 있는 성향인 신토성을 규명하는 신학인 동시에 천 · 지 · 인 간의 관계에 내재되어 있는 성향인 천지인성을 규명하는 신학이다.[17] "태초에 하나님이 천지를 창조하시니라(Am Anfang schuf Gott Himmel und Erde)"(창 1:1). 이 한 구절은 천지(天地)가 피조물이라는 사실을 분명히 밝히고 있다. 그러므로 신토불이 신학은 동양 철학을 차용하여 천(天)을 하나님, 태극 등

17) 한숭홍, "종교론," pp. 178-85 참조.

으로 주장하는 신학들이나 파니카(Raimon Panikkar)처럼 힌두교의 신관을 도입하여 신–우주–인간을 삼중 구조의 체험으로 인식하며 "우주신인적(cosmotheandric) 또는 신인우주적(theanthropocosmic) 직관"을 역설하는 신학과는 출발점부터 다르다.[18]

천 · 지 · 인은 토의 실재들로서 서로 간에는 불가분의 관계를 유지하며 존재하고 있다. 천은 우주, 천공, 한울님, 무한자, 민간신앙에서는 신 등등 다양한 개념으로 널리 이해 · 사용되는 실재로서 무한, 초월, 절대, 영원 등의 속성을 가진 것으로 간주되어 천공신으로 숭배되어왔다. 종교 기원설에 따르면 천공숭배는 비교적 넓은 지역에서 아주 오래전부터 행해져왔고,[19] 오늘날에도 세계 도처에서 흔하게 발견할 수 있는 종교형식의 하나다. 중국 철학은 여러 관점에서 해석될 수 있지만 단적으로 말하면 천(天)을 숭배하던 천공숭배를 이론화한 후 인간사(人間事)에 연계한 종교형태의 우주관이다. 그러나 신토불이 신학은 천이 때로는 신적 존재처럼 인식되어 숭배대상이 되기도 했고, 지금도 여러 곳에서 숭배되고 있지만 그럼에도 불구하고 천은 곧 지(地)나 인(人)과 더불어 창조된 물질에 불과하다는 점을 역설한다.

천 · 지 · 인의 원피조성에는 상호 유기적으로 작용하는 물질

---

18) Raimon Panikkar, *Christophany: The Fullness of Man* (Maryknoll, New York: Orbis Books, 2004), p. 183.

19) 한숭홍, 『문화종교학: 종교학파와 방법론을 중심으로』(서울: 장신대 출판부, 1993), pp. 191–97; *Mircea Eliade, Patterns in Comparative Religion* (Cleveland and New York: Meridian Books, The World Publishing Company, 1966), p. 38.

적 소여(所與)가 잠재되어 있다. 이것은 천 · 지 · 인이 상호 유기적으로 관계하고 있기 때문에 결코 독자적으로 존재할 수 없다는 것을 시사한다. 이 셋이 어느 하나와 관계를 소원히 한다거나 지나치게 밀착한다는 것은 불가능하다. 이 셋은 창조되면서부터 서로 피조물로서의 관계성, 즉 원피조성에 본래성으로서 주어진 관계를 유지하고 있고 이를 통해 서로 존재하는 것이다. 이 피조물은 서로 불가분의 관계뿐 아니라 필연적으로 서로 있어야 하는 존재로 있는 것이다. 천 · 지 · 인 간의 관계를 이루고 있는 이 성향, 즉 이 셋을 이루고 있는 원피조성이 천지인성이다. 이 세 실재들은 동일한 창조목적과 창조질서에 따라 움직인다.

천 · 지 · 인은 토의 실재들로서 '항상 그렇게 있으려는 본성'과 '항상 그렇게 되어가려는 본성'을 동시에 가지고 계속 운동한다. '그렇게 있음'이란 존재방식으로서 이(理)에 의해, '그렇게 되어감'이란 생성방식으로서 기(氣)에 의해 실현된다. 이처럼 이와 기는 절대 분리될 수 없는 일체를 이루고 있다. 예를 들어 책갈피 속에 꽂아놓은 빨간 단풍잎은 지금 이 순간에도 그렇게 있는 방식으로 있고, 지금도 계속 그렇게 되어가며 있는 것이다. 말하자면 단풍잎은 이와 기가 하나 된 상태를 그 자체로서 드러내고 있는 것이다. 이것이 만물의 현상이다.

신도불이 신학에서는 이와 기를 포괄하고 있는 포괄자를 태극(太極)이라 하고, 태극을 생성한 창조주를 무극(無極)이라 한다. 신토불이 신학에 관해 진술하면서 "태극"이란 용어를 사용한 것 때문에 의아스럽게 생각할 수도 있을 것이다. 그러나 내가 사용하는 태극은 동양 철학의 태극 개념과는 다른 의미를 갖고 있다. 예컨대 '존재(Sein)'라는 용어도 철학자들은 물론 종교학자들마저도 서로 다른 의미로 사용하고 있지 않은가.

많은 사람들은 신을 인식의 대상이나 지성으로 알 수 있는 존재로 생각한다. 그러나 인간이 창조주를 인식한다거나 안다는 것은 불가능하다. 엄밀히 말해서 신은 인식론으로 접근할 수 있는 존재가 아니다. 창세기의 창조설화는 해석학으로도 접근해서는 안 된다. 해석학은 삶의 자리에서의 체험에 역점을 둔 학문 방법이므로 창조설화를 삶의 체험을 통해 이해하며 표현한다는 것은 사실상 불가능하다. 신토성은 피조물의 원피조성이므로 해석학으로는 규명할 수 없고, 흙에 대한 본질직관을 통해서만 파악할 수 있다. 천지인성 역시 인식론이나 해석학으로 접근해서는 파악할 수 없다. 천지인성은 창조주로서의 무극과 이와 기의 포괄자로서의 태극에 대한 본질직관을 통해서만 파악된다. 한마디로 신은 해석의 대상이 아니고, 신 자체에 대한 직관으로 파악될 수 있는 신앙의 대상이다.

신학은 신과 인간의 관계를 규명하고 진술하는 '거룩한 학문'으로 정설화되어 있다. 20세기 신학의 신기원을 열었다는 칼 바르트(Karl Barth)의 경우에도 예외는 아니다. 바르트는 신학이란 ① 신의 자기고지와 대결하고 있는 인간 실존의 사건, ② 신의 자기고지를 인정하고, 인식하고, 고백할 수 있는 인간의 신앙, ③ 인지능력, 판단력, 언어능력으로 규정되는, 인간의 정신력 등과 관계하고 있는 학문이라고 정의한바 있다.[20] 바로 이 관계, 즉 신과 인간의 관계를 바르트는 성서의 주제로 생각하며 "신의 말씀(Wort Gottes)"의 신학으로 정립했다. 그는 계시된 말씀, 기록된 말씀, 선포된 말씀 등을 통해 우리에게 구체적으로 말씀하시는 신의 말씀 때문에 인간은 신을 인식할 수 있다고 주장하며, "자연 이성의 빛(*lumen naturae naturale*)"에 의한 신인식의 문제를 맹렬히 비판했다. 이 문제로 그는 에밀 브루너(Emil Brunner)와 논쟁을 했고, 결국 자연신학(*theologia naturalis*)을 부정(Nein)했다. 그런데 이 위대한 신학자도 궁극적으로는 신학을 신과 인간의 관계로, 그리스도를 인간 구속의 수단으로만 규정했을 뿐 그 이상의 신학은 하지 못했다. 그의 최대 결점은 그리스도중심주의 울타리 안에서 신학을 했기 때문에 말씀을 토(土)로까지 확대 해석할 수 있을 정도로 거시적으로 신학을 하지 못했다는 점이다.

브루너의 경우에도 예외는 아니다. "그리스도 자신이 말씀이다(Christus selbst ist das Wort)." 이 한마디로 그는 성서가 이 말씀, 곧 예수 그리스도를 증거하는 "증서"며 "증명원본"임을 역설했다.[21] 그러나 그 역시 이 말씀을 신 · 토 관계에서 보지 못했고, 오직 인간의 차원에서 이해했다. 그에 의하면 신 자신은 즉자적으로 존재하는 대자적 존재이며 동시에 즉자적으로 존재하는 우리를 위한 존재다. 그

20) Karl Barth, *Einführung in die evangelische Theologie* (München und Hamburg: Siebenstern Taschenbuch Verlag, 1968), pp. 12-13.

21) Emil Brunner, *Das Wort Gottes und der moderne Mensch* (Zürich: Zwingli-Verlag, 1947), pp. 35-38, 115-28 참조.

는 이것이 "창조의 근원(Grund der Schöpfung)"이라고 했다.[22] 브루너의 신학에서도 신은 창조주로서 오직 인간과의 관계만으로 의미화된 존재이며, 그의 말씀인 그리스도는 곧 신과 인간의 중보자로서 영원과 시간의 접촉점 이상의 의미로는 해석되지 않은 존재다. 간단히 말해 바르트와 마찬가지로 브루너도 신 · 토 관계의 구조에서 신학을 하지 못했던 것이다.

파울 틸리히(Paul Tillich) 역시 이성과 계시의 관계에서 신의 존재를 논했을 뿐, 신 · 토 관계에 의한 신학은 전혀 구상조차 못했다.[23] 20세기 신학을 견인해왔던 이 위대한 신학자들마저도 신학함의 지평과 차원을 신토불이 신학, 다시 말하면 "신토율 신학(thegeonomous theology)"[24]으로까지 넓혀가며 보다 높은 단계에서 '독창적인 새로운 신학'을 창작할 수 없었다는 것은 불가사의한 일이다.

나는 신 · 토 간의 관계(神土性)뿐 아니라, 토의 실재들인 천 · 지 · 인 간의 관계(天地人性)도 신학의 본래 과제여야 한다는 점, 그래서 이렇게 하는 신학만이 신학의 원형이라는 점을 항상 역설해왔다.

---

22) Ibid., p. 61.

23) Paul Tillich, *Systematische Theologie*, Band I, 3. Aufl. (Stuttgart: Evangelisches Verlagswerk, 1956), Erster Teil: Vernunft und Offenbarung. 한숭홍, 『철학적 신학』, pp. 203-13, 276-79.

24) "신토율 신학"이란 필자가 신조한 학술용어다.

6장

# 그리스도, 구속과 해석학

## 1. 그리스도의 실재

그리스도로서의 예수는 누구인가? 이 질문에 대한 대답만으로도 신학은 학문성을 표출할 수 있다. 이 정도로 이 질문은 의미심장한 내용을 담고 있다. 예수가 매달려 있는 십자가 위에 빌라도는 "나사렛 예수 유대인의 왕(*Jesus Nazarenus Rex Judaeorum*)"이라 쓴 패를 달았는데(요 19:19), 이로써 예수는 유대인으로 공포된 것이다. 그뿐 아니라 예수의 족보(마 1:1-17; 눅 3:23-38)에서도 예수가 유대인으로 태어났음을 기록하고 있다.

그리스도로서의 예수는 유대인이냐, 신이냐? 신학자들은 이 문제를 풀기 위해 다양한 이론들을 제시하며 논쟁을 했지만, 19세기 말엽부터는 역사적 예수와 신앙의 그리스도로 나눠 연구하는 방향으로 가고 있다. 그러나 이런 접근방식도 만족스러운 것은 아니다. "말씀이 육신이 된"(요 1:14) 존재로서의 예수가 역사적 예수일 수는 있겠지만 결코 생물학적 유대인이어서는 안 된다.[25] 예수는 생물학적으로 유대인이 아니었다. 예수가 유대인이었다면, 그는 생물학적으로 마리아와 요셉의 DNA를 갖고 태어났을 것이다. 이것이 사실이라면 "마리아가 요셉과 약혼하고 동거하기 전에 성령으로 잉태된 것"(마 1:18)이라는 성서의 기록 자체가 완전히 조작된 것으로 드러난다. 성서의 기록 자체가 거짓된 것이라면, 성서가 더 이상 정경(Canon)일 수 없을 것이고, 이렇게 되면 기독교 자체가 종말을 맞게 될 것이다. 예수가 유대인이었다면 성서가 거짓 문서가 되고, 성서가 정경으로서의 권위를 견지하려면 예수가 유대인이 아니어야 한다. 논리학적으로 표현하면 이 둘은 서로 모순대당(矛盾對當)의 관계에 있다. 어쨌든 분명한 것은 예수가 그리스도려면 유대인이 아니어야 한다는 것이다. "주는 그리스도시오 살아 계신 하나님의 아들"(마 16:16)이라는 베드로의 고백에서도 이를 확인할 수 있다.

만일 누군가가 신이 유대인으로 성육신했다고 믿는다면, 이런 믿음은 기독교를 유대인의 종교로 제한하는 것이며, 동시에 예수 그리스도의 신성과 인성을 부정하는 것이다. 예수 그리스도의 신성과 인성은 "참신"과 "참인간"의 본질을 동시에 함께 가지고 있다는 것을 의미한다. 거듭 말하거니와 예수 그리스도의 인성은 생

25) 유대인의 혈통을 가지고 태어난 신은 땅에 거주하는 신이어야 하는데 이단(異端)이 아닌 이상 정통 기독교는 이를 예수 그리스도로 인정하지 않는다. 예수는 유대인의 혈통을 갖고 태어난 유대인이 아니다.

물학적 육신을 의미하는 것이 아니고, "죄 있는 육신의 모양으로(in der Gestalt des sündlichen Fleisches, in the likeness of sinful flesh)"(롬 8:3) 보내진 것일 뿐이다. 이것은 신이 "육신의 모양"으로 계시된 참인간이라는 것을 의미한다. 예수 그리스도는 온 인류의 그리스도이며 신이다. 그러므로 유대 혈통의 예수를 고집하는 것은 사실상 신을 유대인화 하는 것이며, 이런 오류는 결과적으로 기독교를 부정하는 이단교설에 불과하다.

예수는 성령으로 잉태되어 태어난 구주로서(마 1:20-21), "살아계신 하나님의 아들"(마 16:16)이며, 그 스스로도 자신이 "하나님의 아들"(요 10:36)이요, 그리스도임을 인정하고 있다(막 14:62; 요 20:28-29). 뿐만 아니라 그는 "나와 아버지는 하나이니라"(요 10:30), "내가 아버지 안에 거하고 아버지께서 내 안에 거하심"(요 14:11)이라며 자신이 신과 동일본질임을 밝혔다. 이에 대하여 마태복음은 "임마누엘(Immanuel)", 즉 "하나님이 우리와 함께 계시다"(마 1:23; 사 7:14)라고 했다. 문제는 "하나님이 우리와 함께 계심(Gott mit uns)"이란 본문에서 "우리"를 인간만을 지칭하는 대명사로 해석하여 이해하는 것은 창조신학적-구속신학의 취지에 맞지 않는다는 것이다. 대다수의 신학자들은 "우리"를 신학적 인간학의 측면에서 이해하며 인간중심주의적으로만 해석했을 뿐 천 · 지 · 인과 연계하여 이해하며 "신토중심주의(thegeocentrism)"[26] 관점으로까지는 해석하지 못했다. 저들

26) "신토중심주의"란 필자가 신조한 학술용어다. "신토중심주의"란 신 · 토 관계로 세계관 및 가치관을 규정하는 새로운 개념이다. 이 용어는 신중심주의나 인간중심주의의 일방적 세계관 및 가치관의 한계성을 극복 · 지양해서 신과 토의 무제한적이고

이 사용하는 해석학은 슐라이어마허의 '해석의 기술'이나 딜타이(Wilhelm Dilthey)의 '삶의 해석학', 또는 불트만의 '실존적 해석학'이나 푹스(Ernst Fuchs)의 '신앙 언어론', 또는 판넨베르크의 '보편사적 해석학'이나 최근에 널리 쓰이고 있는 '상황적 해석학' 등을 비롯하여 여러 가지가 있지만 하나같이 '인간의 죄와 구속을 위한 그리스도'에만 초점을 맞추었기 때문에 그리스도의 본래성을 창조신학적-구속신학의 관점에서 규명할 발상조차 하지 못했다.

신은 그리스도를 인간뿐만 아니라 만물과도 화해하기 위해 보냈으며(요 3:17; 롬 8:19-23; 고후 5:18-19), 그 자신이 임마누엘이 되었다. 이것은 '신이 그의 피조물과 함께 계심'을 스스로 계시한 것이다. 단적으로 말해서 임마누엘이란 '신과 토의 함께함(Gott mit Erde)' 이란 의미로서 신토불이(神土不二)란 용어와 동의이어다. 이 그리스도가 신이 땅화된 존재, 신토불이 실체며, 신과 동일한 존재다. 그리스도 예수 안에서 신과 토는 불이의 관계로 작용하며 한 실체를 이루고 있다.

예수 스스로 자신이 하나님과 동일본질임(요 10:30, 14:11)을 밝혔음에도 불구하고 인간은 325년 니케아 공의회(Council of Nicaea) 때 비로소 그리스도와 신은 동일본질(*homoousios*)을 가지고 있다는 고백을 하게 되었다. 그러나 니케아 신조가 교회의 신앙고백으로 결정된 후에도 그리스도의 인성에 대한 논쟁은 계속되었다. 이 문제로 451년 칼케돈 공의회(Council of Chalcedon)가 소집되었고, 이 회의

---

포괄적인 관계로 천 · 지 · 인을 관조하는 사상을 가리킨다.

에서 예수 그리스도는 신성과 인성이 서로 혼동될 수 없고(*inconfuse*), 변화될 수 없고(*immutabiliter*), 분할될 수 없고(*indivise*), 분리될 수 없는 (*inseparabiliter*) 연합체로서 한 인격 안에 존재하는 "참신(*vere Deus*)"이며 "참인간(*vere homo*)"으로 규정되었다. 여기에서 나는 칼케돈 공의회의 신학적 의미가 무엇인지를 찾아보려 한다. 단적으로 말하면 칼케돈 공의회는 그리스도가 신토불이 실체이며, 신과 토는 그리스도의 한 인격 안에서 완전한 하나를 이루고 있기 때문에 서로 혼동될 수도 없고, 변화될 수도 없고, 분할될 수도 없고, 분리될 수도 없다는 사실을 결정한 것이라 하겠다. 앞에서 여러 번 언급했듯이 신토불이 신학에서 토는 피조물의 원피조성이며, 그 구체적 실재들은 천 · 지 · 인이다. 그러므로 그리스도는 신이 땅화된 실체로서 창조주와 피조물 간의 창조신학적-구속신학의 관계 맥락에서 해석 · 이해되어야 하는 존재다. 칼케돈 공의회는 신토불이 신학을 신학의 표준으로 결정한 셈인데, 후대의 신학자들은 이 깊은 진리가 담긴 신학을 표출하지 못하고 그리스도의 신성과 인성의 문제만을 갖고 신학 논쟁을 계속하며 오늘에 이른 것이다. 예수가 스스로 신과 동일본질임을 선포했음에도 불구하고 그 의미를 이해하지 못하고 325년 니케아 공의회에서 그리스도와 신의 동일본질을 결정할 정도의 신학, 그리고 그리스도의 한 본체에 신과 토가 불이의 관계로 하나 되어 있다는 신토불이 신학의 요지를 간파(看破)하지 못하고 신성과 인성 문제로 논쟁을 위한 논쟁만을 했던 신학은 사실 본래적 신학이라 할 수 없다.

어떤 이들은 신이 인간이 된 사건에 관해 말할 때 '성육신(成肉身, incarnation)'이라는 낱말 대신에 '육화(肉化)'나 '화신(化身)'이라는 낱말을 사용하면 성스럽지 못하다고 말한다. 그러나 '성육신'이란 라틴어 '*incarnatio*'에 어원을 둔 낱말로서 본래 '육화(肉化)', '화신(化身)'이란 의미로 사용되었으나 신학자들이 '성육신'이란 의미로 개념화하여 사용하면서 기독교의 특수 용어처럼 되었다. 성육신은 '신의 육화(Fleischwerdung des Gottes)'란 의미를 가진 낱말로서 창조주가 피조물이 된 사건, 이른바 '신의 땅화(Erdewerdung des Gottes)'와 동의어로 사용될 수 있다. 신의 땅화는 창조신학의 접근방식과 더불어 구속신학의 의미도 함유하고 있는 예수 그리스도의 본체에 대한 새로운 개념이다. 나는 기독교 신학이 지나칠 정도로 그리스도중심주의 신학에 경도되어왔다는 점을 지적하며 창조신학에 대한 연구의 부재를 지적한바 있다. 신학의 원형은 특정 주제나 동인을 중심으로 이론화하곤 해왔던 전형적인, 거의 모든 신학이 지난 2000년 동안 그렇게 해왔던 방식에 따라 또다시 그렇게 하곤 하는 신학함이 아니고, 성육신 사건을 창조주와 피조물 간의 창조신학적-구속신학의 구조로 체계화하는 신학함이다. 간단히 말해 예수 그리스도, 신이 육신이 된 사건을 인간의 구속에 한정하는 전통적인 구속신학의 제한성을 창조주와 피조물, 신과 토의 관계에로까지 넓혀 창조신학의 관점에서 신학을 보는 방식이 신토불이 신학이 추구하는 신학함이다. 그러므로 신토불이 신학은 그리스도를 천 · 지 · 인을 포괄하고 있는 신토불이 실체로, 그리고 흙으로 상징되는 원피조성과 관계하고 있는 신으로 간주한다.

거의 모든 신학이 그리스도를 인간의 구속과만 연계하여 이론화하곤 했던 것은 기이한 일이다. 엄밀히 말해서 신이 인간이 된 이 어마어마한 사건을 창조신학과 무관한, 오직 구속신학과만 관계시키는 신학은 신학의 본래성은 물론 학문성마저도 완전하게 갖추지 못한 '결핍된 신학'이다. 신은 아담의 죄로 사실상 피조물 자체를 저주했다. 그렇다면 그리스도는 이 피조물과의 관계회복을 위한 그리스도여야 하고, 신의 인간화도 엄밀히 보면 신의 피조물화로 넓게 그리고 포괄적 안목으로 이해하며 해석해야 한다. 나는 그리스도를 인간 구속의 주로만 보려는 편협한 시각을 부정하고, 오히려 신은 스스로 땅화되어 그의 피조물과 관계를 회복하려했다는 점으로 확대하여 해석한다. 간단히 말해 신의 땅화는 그리스도를 믿는 자마다 "영생을 얻게 하려 하심"(요 3:16)과 "그로 말미암아 세상이 구원을 받게 하려 하심"(요 3:17)이라는 데 초점이 있다. 구속신학이 창조신학의 바탕에서 해석되어야 하는 이유가 바로 이 점이다.

성서는 신의 땅화가 인간뿐만 아니라 피조물에게도 요청적임을 다음과 같이 기록하고 있다.

> 19피조물이 고대하는 바는 하나님의 아들들이 나타나는 것이니
> 20피조물이 허무한데 굴복하는 것은 자기 뜻이 아니요 오직 굴복
> 하게 하시는 이로 말미암음이다 21그 바라는 것은 피조물도 썩어짐
> 의 종 노릇 한 데서 해방되어 하나님의 자녀들의 영광의 자유에 이
> 르는 것이니라 22피조물이 다 이제까지 함께 탄식하며 함께 고통을

겪고 있는 것을 우리가 아느니라 [23]그뿐 아니라 또한 우리 곧 성령의 처음 익은 열매를 받은 우리까지도 속으로 탄식하여 양자 될 것 곧 우리 몸의 속량을 기다리느니라(롬 8:19-23).

이 본문의 요지는 피조물도 죄에서 해방되어 "하나님의 자녀들"이 누리는 "영광의 자유"를 누리며 신과의 완전한 관계회복을 필요로 한다는 사실과 인간이 속량을 위해 그리스도를 고대하며 탄식과 고통의 날을 보냈던 것처럼 피조물도 "함께 탄식하며 함께 고통을 겪고" 있었다는 사실, 그래서 피조물도 구속의 대상이라는 사실을 극명하게 증언하고 있는 것이다. 이것은 신의 땅화가 인간만을 위한 사건이 아니고, 신이 창조한 피조물 모두에 해당되는 사건이라는 것을 의미한다. 성서는 처음부터 피조물이 창조주 신의 말씀으로 창조되었기 때문에 그와 밀접한 관계가 있다는 것, 그러므로 피조물도 창조주의 "영원하신 능력과 신성"의 위대함을 알 수 있고 그 구원의 역사를 고대하고 있다는 것을 증거하고 있다. "창세로부터 그의 보이지 아니하는 것들 곧 그의 영원하신 능력과 신성이 그가 만드신 만물에 분명히 보여 알려졌나니"(롬 1:20), 이렇게 성서는 피조물에게도 신이 계시된다는 점을 분명히 밝히고 있다. 그렇다면 피조물도 창조주에 의해 보여지고 알려진 것을 감지할 수 있고 반응할 수 있는 상호교감과 유사한 어떤 것 — 인간으로서는 그것이 무엇이며 어떻게 작용하고 있는지 알 수 없지만 — 을 갖고 있다는 것이다. 이것은 피조물도 창조주와 창조신학적-구속신학의 관계로 연결된 실재들이며, 구속의 대상이라는 점, 그렇기 때문에 인간만을 위한 그리스도는 존재하지 않는다는 것을 시사한 것이다. 창조신학의 관점에서 보면 "만물이 주에게서 나오고 주로 말미암고 주에게로 돌아감"(롬 11:36)이 창조의 순리이며, 창조신학의 궁극적 목적이기도 하다.

피조물만 그리스도를 고대한 것은 아니다. 신도 피조물과의 화해를 위해 스스로 그리스도가 되어야 했다. 이것이 창조신학적-구속신학의 구조다. 하지만 신학 2000년사를 통찰해보면 어느 신학자도 그리스도를 창조주와 피조물 간의 관계구조에서 신학화하지 못했다. 한마디로 저들은 신학이 신 · 토 관계에 대한 해석학이어야 한다는 신학의 본래성에 대한 인식은 물론 왜 그리스도는 창조주와 피조물의 중재자, 즉 신토불이 실체여야 하는지에 대한 의식조차도 갖고 있지 못했다. 그리스도를 인간의 원죄와만 관련시켜 해석하며 그리스도중심주의 신학을 정형했기 때문이다.

배상설(Irenaeus, Origenes, Gregor of Nyssa), 만족설(Abselm of Canterbury), 감화설(Peter Abaelard), 통치설(Hugo Grotius), 고전적 구속설(Gustaf Aulén), 해방설(라틴아메리카의 해방신학) 등도 이런 비판에서 자유롭지 못하다. 성서는 하나님이 그리스도를 세상에 보낸 목적에 관해 다음과 같이 기록하고 있다.

> [18]모든 것이 하나님께로서 났으며 그가 그리스도로 말미암아 우리를 자기와 화목하게 하시고 또 우리에게 화목하게 하는 직분을 주셨으니 [19]하나님께서 그리스도 안에 계시사 세상을 자기와 화목하게 하시며 그들의 죄를 그들에게 돌리지 아니하시고 화목하게

하는 말씀을 우리에게 부탁하셨느니라(고후 5:18-19).

신은 만물을 창조했고, 그의 피조물과 단절되었던 관계를 회복하기 위해 그리스도를 보냈고, 그 안에서 "세상을 자기와 화목하게" 했고, 더 이상 피조물의 원죄를 묻지 않았으며, 화목의 말씀을 부탁했다는 것, 이것이 이 본문의 요지다. 이것은 신과 토의 상호관계가 그리스도 사건의 핵심임을 보여주는 내용이다. 위에 인용한 본문에서 간파할 수 있듯이 성서는 신토불이 신학의 관점에서 구속론이 이론화되어야 한다는 점을 명명백백하게 주장하고 있다. 이 구속론이 "신토불이 구속론(thegeonomishe Theorie der Erlösung, Sintobul'yische Theorie der Erlösung)," 다른 말로 표현하면 "신 · 토 화해론(Versöhnungslehre von Gott mit den Kreaturen, Versöhnungslehre zwischen Gott und Erde)"이다.

그리스도는 신이 땅화된 실체다. 그런데 서구 신학 2000년사는 그리스도의 사건을 오직 인간론과만 관계시킴으로써 그리스도를 피조물 중의 극히 일부인 인간을 위한 그리스도로 제한했다. 그리고 누구도 그리스도는 피조물 모두를 위한 그리스도이며, 인간만을 위해서가 아니고, 피조물 모두를 위해서 요청적인 존재라는 사실을 간과한 채 그리스도의 본질에 대하여 언급했던 것이다. 그리스도의 실체에 대한 피상적 접근은 신학의 표피주의를 잉태했고, 이로써 신학은 신토불이 신학이 되지 못하고 인간의 구속과만 관계된 그리스도중심주의 신학으로 군림했던 것이다. 이것은 마치 유대교가 신독점주의 신학으로 민족종교화된 것과 비견된다 하겠다. 그리스도는 신토불이 실체로서 천 · 지 · 인을 포괄하고 있는, 피조물을 위한 그리스도이지 인간만을 위한 그리스도는 아니다.

신은 창조주다. 그렇기 때문에 오직 그만 피조물의 결함인 유한성을 원피조성에로 회복시킬 수 있다. 그러므로 신의 땅화 사건의 절대의미는 바로 이 점에서 찾아야 한다. 이런 맥락에서 나는 신 · 토 관계의 신학에서 신학의 본래적 형식을 신학화하려 했다. 성서에 따르면 태초에 신은 말씀으로 만물을 창조했고(창 1:3-30; 요 1:3), 이 말씀(*Logos*)이 곧 신이었으며(요 1:1), 신이 땅화된 존재가 그리스도다. 따라서 신은 말씀이며 동시에 땅화된 존재이고, 그가 창조한 피조물 자체가 곧 신의 말씀이라는 점을 창조신학적-구속신학의 해석학으로 이론화한 신학, 이 신학이 신토불이 신학이다.

## 2. 기독론에 대한 바른 이해

기독론은 예수의 생애와 관련하여 풀어가야 할 조직신학의 한 부분이다. 예수의 생애는 '탄생 → 사역 → 죽음 → 부활과 승천', 이렇게 네 마당으로 기승전결 된 신의 드라마이며, 신토성과 천지인성이 구체적으로 역사화된 신토불이 신학의 내용이다.

예수의 탄생(誕生)은 그 자체로서 이미 완전한 신학의 표본이다. 그의 탄생은 신이 인간이 됨으로써 그 스스로 피조물이 된 사건으로서, 천 · 지 · 인과 포괄적으로 관계된 창조신학적–구속신학의 구조에서 해석되어야 할 사건이다. 그러므로 그의 탄생을 실현된 신토불이 실체로 해석해야 기독론의 본래적 목적을 이해할 수 있다. 인간만을 위한 그리스도는 신의 땅화에 대한 몰이해를 초래하게 되며, 지금까지 신학 2000년사가 저질러온 타성에 젖은 오류를 반복하겠다는 것에 지나지 않는다. 지극히 높은 곳에 있는 신에게는 영광이 되고 이 땅에는 평화가 되는 원인자, 그것이 그리스도의 실체다(요 2:14). 이처럼 예수의 탄생은 곧 신과 토의 관계회복을 그 사건 속에 포괄하고 있고, 신토불이 실체가 구현된 역사적 사건이며, 창조주와 피조물이 화해한 전환점이다.

이런 맥락에서 요한복음은 신이 땅화된 목적을 다음과 같이 밝히고 있다.

> 16하나님이 세상을 이처럼 사랑하사 독생자를 주셨으니 이는 그를 믿는 자마다 멸망하지 않고 영생을 얻게 하려 하심이라 17하나님이 그 아들을 세상에 보내신 것은 세상을 심판하려 하심이 아니요 그로 말미암아 세상이 구원을 받게 하려 하심이라(요 3:16–17).

그리스도는 인간을 구원할 목적으로 보내진 "독생자"일 뿐 아니라 세상을 구원할 목적으로 보내진 "그 아들"이기도 하다는 점이 본문의 요점이다. 일반 신자들은 본문을 읽으며 이 정도로 이해하고 있지만, 신학자들은 "그를 믿는 자"(요 3:16)에 초점을 맞추어야 한다거나 "세상이 구원을 받게 하심"(요 3:17)에 초점을 맞추어야 한다고 주장하며 한편에서는 개인 구원의 신학으로 다른 한편에서는 사회 구원의 신학으로 쟁점화하면서 신학논쟁을 일삼고 있다. 내가 지적하는 신학의 오류는 바로 이 점이다. 왜 신학자들은 그리스도를 '양자택일의 존재(das Entweder-Oder Sein)'로 분할해 어느 한 부분적 존재로 보려 하는가? 니케아 신조(*Symbolum Nicaenum*)에 따르면 그리스도는 신과 동일본질(*homoousios*)이며, 이를 신 · 토 관계의 관점에서 규정하면 창조성과 피조성이 한 인격 안에 연합되어 있는 "이성일위(二性一位, Zweieinigkeit)" 존재다. 그리스도는 개인만을 구원할 목적으로 땅화된 존재도 아니고 특정 사회의 이념을 구현할 목적으로 성육신한 사회 구원의 혁명가도 아니다.

개인 구원을 강조하는 신학의 극단은 광신주의와 신비주의 및 이단창궐을 초래하게 되고, 사회 구원을 강조하는 신학의 극단은 사회주의와 세속주의 및 계급투쟁을 초래하게 된다. 개인 구원의 신학은 샤머니즘으로, 사회 구원의 신학은 이데올로기로 될 수 밖에 없다. 신이 땅화된 궁극적 목적을 자의적으로 해석하며 기독교를 무속이나 이념의 시각에 따라 개조하려는 이런 신학들은 결국 기독교를 이질화하게 될 것이고, 기독교의 이질화는 곧바로 기독교의 몰락을 초래하게 될 것이다.

그리스도는 창조주와 피조물 간의 관계회복을 위해 보내진 "독생자"이며 "그 아들"이다. 그러므로 그리스도는 본질적으로 신토불이 실체다. 이것이 요한복음 3장 16–17절의 요지다.

예수의 사역(使役)은 창조질서 회복을 목적으로 한 그의 삶 자체로서 상징된다. 이 문제는 두 가지로 해석될 수 있다.

첫째, 예수의 사역은 구속에 그 목적을 두고 있다. 그런데 이 목적이 그의 탄생으로 이미 완성된 것이다(눅 1:69, 77, 19:10; 롬 3:24; 골 1:14; 갈 4:4–5; 엡 2:4–5, 8; 딤후 1:9–10). 이 주장에 대해 신학자들이 신랄하게 비판하겠지만, 성자(聖子)로서 삼위일체 신인 예수 그리스도가 구속을 위해 33년을 필요로 했다는 것은 신학의 최대 모순이며, 수치이며, 신성모독이라 아니할 수 없다. 그렇다면 그의 공생애 3년은 어떻게 이해해야 하는가? 예수 그리스도는 "하나님"(사 40:3; 요 20:28), "창조자"(요 1:3), "전능자"(계 19:15), "구원자"(롬 11:26), "구원의 주"(히 2:10), "중보자"(딤전 2:5), "선한 목자"(요 10:11, 14)일 뿐 아니라, "참빛"(요 1:9), "세상의 빛"(요 8:12, 9:5), "길"(요 14:6), "진리"(요 1:14, 요 14:6), "생명"(요 11:25, 14:6), "생명의 떡"(요 6:35, 41, 48, 51), "교회의 머리"(엡 1:22), "처음과 나중"(계 21:6) 등등 다양하게 불러 일컬어지는 존재다. 문제는 말씀 한마디로 천지를 창조한 신이, 아담과 하와의 죄를 물어 한 순간에 에덴동산에서 내쫓은 신이 저들의 후예들을 구속하기 위해 33년이란 시간을 필요로 했는가 하는 점이다.

둘째, 그리스도는 말씀(*Logos*)이며, 복음(*Evangelium*)이며, 케리그마(*Kerygma*)다. 이것은 예수의 생애 33년은 "말씀이 육신이 되어 우리 가운데 거하시매 우리가 그의 영광을 보게 된"(요 1:14) 시간이고, 신이 땅화된 사건으로서 신과 토가 화해하게 된 가시적 시간이며(요 3:17; 고후 5:18–19), 이를 직접 보여 가르치려는 신에 의해 계획된 신의 때인 것이다(고전 14:26). 뿐만 아니라 그리스도는 그 자체로서 "하나님의 복음"(롬 1:1)이며, "모든 믿는 자에게 구원을 주시는 하나님의 능력"(롬 1:16)이며, "복음의 광채"(고후 4:4)며, "복음의 비밀"(엡 6:19)이다. 간단히 말해 그리스도는 복음 자체이며, 선포된 복음(행 8:35)이며, 이런 의미에서 그는 케리그마의 내용이며 그 자체이기도 하다.

아무도 예수의 생애 33년이 신의 시계(時計)에서는 어느 정도의 시간인지, 그리고 이 시간의 의미는 무엇인지 등에 대하여 대답할 수 없다. 이에 대한 대답을 시도한다면, 그것으로 이미 그리스도의 신비를 거스르는 것이며, 신의 섭리(攝理)와 역사(役事)에 도전하는 이단적 발상이다. 예수는 자신의 사역에 대하여 "나를 보내신 이의 뜻을 행하며 그의 일을 온전히 이루는 이것"(요 4:34)이고, "아버지께서 내게 주사 이루게 하시는 역사 곧 내가 하는 그 역사가 아버지께서 나를 보내신 것을 위하여 증언하는 것"(요 5: 36)이며, "아버지께서 내게 하라고 주신 일을 내가 이루어 아버지를 이 세상에서 영화롭게 하는 것"(요 17:4)임을 분명히 밝혔다. 한마디로 그의 사역은 창조신학적–구속신학이 신의 뜻임을 온 누리에 증언하는 것이었다.

"다 이루었다(*consummatum est*)"(요 19:30). 이 한마디는 예수가 십자가에 달려 운명하기 직전에 남긴 최후의 일언(一言)이다. 예수의 탄생은 신이 땅화된 전환점이다. 이 어마어마한 사건으로 세계사는 구속사로 바뀌게 되었고, 탄생의 순간이 된 시간은 구속의 성취로 채워진 시간, 크로노스(*Chronos*)에서 카이로스(*Kairos*)로 바뀌게 되었으며, 원죄로 초래된 신토분리(神土分離)의 상태에서 신의 땅화로 말미암아 신토불이(神土不二)의 관계로 회복되게 되었다. 우리는 예수의 삶에서 또 한 번의 전환점을 체험하게 되었다. 역설적이게도 이 전환점은 그의 죽음이다. 우리는 예수 그리스도가 신이라고 믿었다. 그러나 수난의 예수, 십자가상의 예수, 죽은 예수를 보며 '신의 죽음(Tod Gottes)'을 체험했고(마 27:50–54; 막 15:37–39; 눅 23:44–49; 요 19:28–30), '신이 죽었다!(Gott ist tot!)'는 사실에 망연자실하기도 했다. 그렇다면 그의 죽음은 무엇을 의미하는가?

십자가상에서 예수가 "다 이루었다"라고 한 이 한마디를 역사의 완성이나 시간의 완성으로 또는 구속의 완성 등으로만 해석하는 것은 예수가 왜 죽었는지에 대한 "죽음의 신학(Todestheologie)"을 정확하게 파악하지 못한 결과라 하겠다. 역사나 시간, 또는 구속의 문제는 이미 예수의 탄생으로 완성된 것이다. 만일 누군가가 예수의 죽음으로 역사, 시간, 구속 등이 완성되었다고 주장한다면 그리고 이런 맥락에서 "다 이루었다"는 가상일언(架上一言)을 해석한다면, 예수의 생애 33년은 이런 문제들을 해결하기 위해 필요했던 시간이라는 설이 되는데, 이는 매우 위험한 발상이다.

예수의 죽음은 골고다에 세워진 십자가로 상징되기도 한다(마 27:33–35; 막 15:22–24; 눅 23:33; 요 19:17–19). 바로 이 십자가에 대한 해석에 따라 신학이 나눠지기도 했고, 신앙이 분열되기도 했다. 그만큼 십자가에 대한 해석이 중요하다는 말이다. 그렇다면 십자가에 못 박혀 죽은 신을 우리는 어떻게 이해해야 하는가?

첫째, 십자가는 신과 토의 수직적 관계와 토의 실재들인 천 · 지 · 인 간의 수평적 관계가 서로 만나 완전히 하나를 이루고 있는 실체로서 이 만남의 접점이 예수의 죽음이며 동시에 창조목적과 창조질서의 완성과 구속의 증거인 것이다. 그러므로 예수가 운명 직전에 "다 이루었다"고 한 이 한마디는 창조신학적-구속신학의 일치된 찰나(刹那)를 선포한 것과 다름이 없다. 십자가에 못 박힌 신과 "해골의 곳" 골고다, 즉 생명의 신과 죽음의 땅, 이 둘이 하나 된 실체가 신(神) · 토(土)의 불이(不二) 관계를 구체적으로 보여준 직접 계시다. 뿐만 아니라 십자가의 가시성(可視性) 그 자체는 예수가 그의 공생애 동안 제자들과 그를 따르던 무리들에게 구전심수(口傳心授)했던 복음의 구현체이며, '신과 그의 나라에 관한 이야기'의 신학을 형상화한 표현이며, 신학의 원형을 구현해 보여준 원형 신학의 상징이다.

'神'이란 낱말은 하늘을 상징하는 '二', 해와 달과 별의 셋을 가리키는 '小', 그리고 밝혀 알림을 뜻하는 '申'으로 이루어진 형성문자(形聲文字)로서 하늘에서 일월성신(日月星辰)이 온갖 길흉화복을 보여주고(示), 밝혀 알려준다(申)는 의미로 개념화된 존재를 가리킨다. 그리고 골고다에 세워진 십자가는 땅을 상징하는 '一'과, 신 · 토 간의 관계를 상징하는 'ㅣ', 천 · 지 · 인 간의 관계를 상징하는 '一'으로 이루어진 것을 가리키며, "해골의 곳"을 이기고 그 위에서 신토성과 천지인성이 하나된 실체 '土'를 상징한다. 골고다의 십자가는 신토불이 관계를 형상화(形象化)한 상징이고, "다 이루었다"란 가상일언은 창조신학적-구속신학의 성취를 선포한 외침이다.

예수의 죽음은 "다 이루었다"란 한마디로 요약된다. 예수는 십자가상에서 운명하기 직전까지 "나의 하나님, 나의 하나님, 어찌 하여 나를 버리셨나이까?(엘리 엘리 라마 사박다니?)"(마 27:46; 막 15:34), "아버지 저들을 사하여 주옵소서"(눅 23: 34), "오늘 네가 나와 함께 낙원에 있으리라"(눅 23:43), "아버지 내 영혼을 아버지 손에 부탁하나이다"(눅 23:46), "여자여 보소서 아들이니이다"(요 19:26), "내가 목마르다"(요 19:28), "다 이루었다"(요 19:30) 등등 여러 말씀을 남겼다. 똑같은 상황을 체험했지만 복음서 기자들의 강조점은 서로 달랐다. 저들은 자신들의 입장에서 가장 의미심장하다고 느낀 말씀만을 기록했을 것이다. 그러나 그 결과는 대단한 차이를 드러내고 있다. 마태와 마가는 예수가 신의 뜻을 이해하지 못한 상황에, 누가는 예수가 죽음의 순간까지도 죄인들에 대한 사랑과 용서, 그리고 신의 의지를 믿는 신앙에 초점을 맞추었다. 그 반면에 요한은 예수가 인간적 고뇌와 육신적 연약함을 드러냈던 인간의 모습과 창조신학적-구속신학적 사건이 완전히 다 이루어졌음을 선포했던 그리스도의 모습을 부각하며, "말씀이 육신이 되어 우리 가운데"(요 1:14) 거했던 이곳에서 '육신이 말씀이 되어' 낙원으로 돌아간 것에 초점을 맞추었다.

둘째, "다 이루었다"란 율법의 완성(마 5:17), 산상설교의 결실(마 5:1-7:29; 눅 6:20-49), 유대교 회당(Synagoge)의 폐쇄성을 깨고 자연에서 복음을 전하면서 직접 신을 만나는 예배의 실행(마 14:13-21; 막 6:30-44; 눅 9:10-17; 요 6:1-14), 신에 대한 사랑과 이웃에 대한 사랑의 실천(마 22:37-40; 막 12:28-34; 눅 10:25-28), 서로 사랑하라는 계명의 완성(요 13:34, 15:12), 예수 자신이 신에게로 가는 길과 진리와 생명이 되며(요

14: 6) 신과 하나 됨을 가르쳐 깨닫게 한 복음의 완성, 죽으면서까지 인간을 사랑했던 신의 구체적 모습(마 27:32–44; 막 15:21–32; 눅 23:26–43; 요 15:13, 19:17–27; 요1 3:16), 그리고 양들을 위해 목숨을 버리면서까지 구원의 과정을 보여준 목자의 최후(요 10:11) 등등 여러 가지 사건이 예수의 뜻대로 이루어진 것을 의미한다.

예수가 운명하는 순간 "해가 빛을 잃고 온 땅에 어둠이 임했고"(눅 23:44), "성소 휘장이 위로부터 아래까지 찢어져 둘이 되고 땅이 진동"(마 27:51)했다. 사실상 천지개벽의 사건이 일어난 것이다. 이것은 그의 죽음이 지성소(聖)와 세상(俗) 사이에 막혔던 장벽을 허물고, 지성소에 갇혀 있던 신을 해방한 엄청난 사건임을 구체적으로 보여준 것이다. 이로 말미암아 누구나 "성소에 들어갈 담력을"(히 10:19) 얻게 되었다.

신의 해방은 창조주와 피조물, 신과 천 · 지 · 인의 포괄자인 토가 언제 어디서나 조건과 형식에 구애받지 않고 만날 수 있는 계기가 되었다. 예수는 십자가에 매달려 못 박힌 채 창에 찔렸고, 찢어진 옆구리에서 피와 물이 쏟아져 죽게 되었다(요 19:34). 이것은 예수 자신이 찢어진 휘장이요 "우리를 위하여 휘장 가운데로 열어 놓으신 새로운 산 길"(히 10:20)임을 의미한다. 이로써 신 · 토의 만남의 장소인 교회가 탄생하게 되었다. 교회는 피조물 자체가 신과 만나는 곳이므로 그 자체가 신 · 토의 접점이며 신토불이 실체다.

휘장의 찢어짐은 유대인들이 창조주 신을 자신들만을 위한 신이라고 주장하며 가두어놓고 믿었던 신독점주의와 자신들만 그

신에 의해 특별히 선택되었다는 선민의식과 신을 가두어놓은 그 땅만을 '거룩한 땅'이라고 주장하는 성지사상을 한 순간에 타파(打破)한 사건이다. 창조주 신은 모든 민족이 자신들도 신의 형상을 닮았다며 믿는 신이므로 사실상 저들의 삶의 자리에서 만나게 되는 "절대 타자"에 대한 "절대의존의 감정(das schlechthinige Abhängigkeitsgefühl)"[27] 이나 "피조물 감정(Kreaturgefühl)"[28]에 따라 다양하게 예배되는 신이며, 이런 의미 맥락에서 모든 민족은 저들 나름대로 신을 독점하고 있는 것이다. 따라서 신이 만물을 창조하고 "보시기에 심히 좋았다"(창 1:31)고 했고, 안식일인 "일곱째 날"마저도 "복되게 하사 거룩하게 하셨다"(창 2:3)고 했다는 것은 신 스스로 어느 특정 민족만을 위한 민족신(Volksgott)도 아니고, 어느 특정 지역을 선택하여 거룩한 곳으로 지정한 후 그곳에 머물러 있는 그런 향토신(Lokalkoloritgott)도 아님을 창세기가 분명히 기록하여 증명하고 있다. 창세기의 요지는 토의 실재들인 천 · 지 · 인이 한 신에 의해 창조되었고, 신과 직접 관계되어 있으며, 거룩하다는 것과, 그러므로 신 · 토 관계는 신의 창조목적과 창조질서에 따른 것이라는 데 압축되어 있다(창 1:1-2:25).

단적으로 말해서 예수의 죽음은 형식주의 종교와 율법을 철

---

27) Friedrich Daniel Ernst Schleiermacher, *Der Christliche Glaube nach den Grundsätzen der evangelischen Kirche im Zusammenhange dargestellt*, 2. Aufl.(1830-1831), §6; 한숭홍, 『철학적 신학』, pp. 117-39.

28) Rudolf Otto, *Das Heilige: Über das Irrationale in der Idee des Göttlichen und sein Verhältnis zum Rationalen*, 23. bis 25. Aufl. (München: C. H. Beck'sche Verlagsbuchhandlung, 1936), pp. 8-12; 한숭홍, 『문화종교학: 종교학파와 방법론을 중심으로』, pp. 176-80.

폐하고 산제사로 신에게 드리는 참예배를 열은 역사적 순간이었고, 성(聖)과 속(俗)의 장벽을 허물어 하나 되게 한 전환점이었으며, 온 누리에 한 하나님, 한 그리스도, 한 성령에 대한 신앙을 가르쳐 기독교를 태동케 한 전기(轉機)였다(엡 2:11-22). 정리하면 그의 죽음은 율법이나 행위로 구원에 이르는 것이 아니라 오직 "네 믿음이 너를 구원"(눅 7:50)한다는 것, 구체적으로 말해 그를 "믿는 자마다 멸망하지 않고 영생을 얻게 하려 하심"(요 3:16)이라는 것을 실제로 보여준 것이라 하겠다. 이후 신학 2000년사는 예수가 전한 '믿음으로 구원'의 말씀, "하나님의 나라 복음"(눅 4:43)을 계승하여 오늘날까지 구원의 정도(正道)로 가르치고 있다.

예수는 자신의 부활이 "하나님의 일"이므로 "사람의 일"처럼 행할 수 있는 사건이 아님을 분명히 밝히며, 부활을 임의로 어떻게 할 수 있다는 생각을 가지는 것조차 사탄의 짓이라고 했다(마 16:23; 막 8:33). 예수는 제자들에게 빌립보 가이사랴에서(마 16:13-21; 막 8:27-32), 갈릴리에 모였을 때(마 17:22-23; 막 9:30-31), 예루살렘으로 올라가면서(마 20:18-19; 막 10:33-34; 눅 18:31-33) 자신이 유대교 지도자들에게 죽임을 당하고 3일 만에 부활한다고 세 차례나 말했고, 부활한 후 저들보다 먼저 갈릴리로 간다고 예언했으며(마 26:32; 막 14:28), 천사들을 통해 부활의 예언이 성취되었음을 막달라 마리아와 다른 마리아에게 그리고 그 후에는 제자들에게 증거했다(마 28:6-7, 16-17; 막 16:9-14; 눅 24:5-6, 36-40; 요 20:11-20).

부활은 죽음과 분리되는 사건이 아니다. 죽음이 없으면 부활도 있을 수 없다. 기독교를 부활의 종교라고 하는 것은 부활 신앙이 기독교의 중심이기 때문이다. 기독교인들은 부활을 믿는다. 그런데 이 부활은 세상의 "마지막 날"에 실현되는 사건이다(요 6:38-40). 이에 대하여 예수는 구체적으로 "내 아버지의 뜻은 아들을 보고 믿는 자마다 영생을 얻는 이것이니 마지막 날에 내가 이를 다시 살리리라"(요 6:40)라며 그를 믿고, 영생을 얻은 후에 죽으면 종말의 때에 부활하게 된다고 말했다. 기독교를 부활의 종교라고 하는 것은 바로 이런 이유 때문이다. 이단들이 종말의 때를 인간의 시간으로 계산하거나 아무런 근거도 없는 주장으로 혹세무민(惑世誣民)하면서 교회를 분열시키는 일이 기독교 2000년사에 헤아릴 수 없이 많았지만, 그러나 성서는 그날이 도둑같이 오기 때문에 그때를 아무도 모른다고 기록하고 있다(살전 5:2; 벧후 3:10).

예수의 부활은 그의 죽음의 순간과 동시에 일어난 사건이다. 그가 죽은 후 3일 만에 부활한다고 했지만, 이런 시간은 인간의 시간적 개념에서 전-후의 관계 맥락으로 표현된 것이며, 신 자신이 죽어 3일간이나 죽음의 종이 되어 있어야 한다는 것은 신의 절대성에도 맞지 않는 모순이다. 신이 부활하는 데 3일의 시간이 필요하다는 것은 모순이며, 신에 대한 모독이며, 신관의 오류다. 예수가 죽는 바로 그 순간 그의 부활은 실현되었으며, 그의 십자가는 부활과 생명의 증거가 되었다. 예수의 죽음에 대하여 신학자들마다 여러 가지 이론을 제시하곤 하지만, 저들의 오류는 하나같이 죽음이 구속의 실현이라는 것이다. 이런 주장들은 매우 잘못된 것이다. 예수의 탄생으로 이미 구속은 실현되었고, 그의 사역으로 신의 목적이 이루어졌으며, 그의 죽음으로 신이 해방되었고, 그의 부활로 죽음이 영생이 된다는 말씀이 증거되었다. 예수를 믿는 목적은 무엇인가? 부활과 영생을 얻으려는 것이 아닌가! 기독교는 예수를 믿는 것만으로도 부활과 영생을 얻게 됨을 증거하고 있다. "나는 부활이요 생명이니 나를 믿는 자는 죽어도 살겠고 무릇 살아서 나를 믿는 자는 영원히 죽지 아니하리니"(요 11:25-26)라는 예수의 말씀은 믿음의 절대성을 증언한 것이다. 이 믿음으로 말미암아 우리는 이미 부활과 영생을 체험하며 "새 사람"으로 살고 있는 것이다(엡 4:21-24; 골 2:12, 3:10).[29] 부활과 승천은 예수의 생애가 보여준 마지막 가시성이다.

기독론은 예수의 생애가 보여준 그의 삶의 과정에서 해석되어야 하기 때문에 창조신학적-구속신학에 의존할 수밖에 없다. 예수는 그리스도로서 신 · 토 관계에서는 이성일위(二性一位)의 존재이고, 천 · 지 · 인과의 관계에서는 이기일체(理氣一體)의 본태(本態)로 실체화된 존재다. 이기일체의 본태는 태극이다. 태극은 천 · 지 · 인이 서로 유기적으로 존재할 수 있도록 하는 원리(*Principia*)와 생성해 가는 운동(*Energia*)이 불가분의 관계로 하나 된 본체이며, 만물을 있게 한 존재의 근원이다. 말하자면 그리스도는 태극으로, 그리고 태극을 생성한 무극과 동일본질로 이해될 수도 있는 존재라는 것이

29) 인간의 첫째 모습은 하나님의 형상으로서 에덴동산에 살던 "에덴인(Edenite)"이었고(한숭홍, "한국 기독교사, 어떻게 읽을 것인가?" p. 201. 필자는 "에덴인"을 Edenite로 표기한다.), 둘째 모습은 아담의 죄로 에덴동산에서 추방되어 지구에서 살고 있는 "지구인(tellurian)"이며, 셋째 모습은 신의 땅화로 새로운 피조물이 된 "신인류(*hominide novus*)"다.

다. 이것은 '무극즉태극(無極卽太極)', 다시 말하면 무극이 태극이고, 태극이 무극이라는 것을 의미한다. 이런 관점에 대한 비판도 있을 것이다. 그러나 비판에 앞서 "하나님은 빛", "그리스도는 로고스", "성령은 불" 등등 다양하게 서술된 표현들의 신학적 은유와 언어학적 의미론을 먼저 생각하며 논리의 진위를 따져봐야 할 것이다.

정리하면 신토불이 신학의 기독론은 신이 육신이 된 사건을 인간의 구속을 위한 신의 "사랑"으로만 해석하지 않고(요 3:16), 신이 그의 피조물인 천 · 지 · 인을 구속할 목적으로 그 스스로 땅화된 사건으로 해석한다. 그리스도의 탄생은 신이 땅화된 순간(瞬間)이고, 그의 생애 자체는 토의 실재들인 천 · 지 · 인을 위해 사역했던 역사(歷史)며, 그의 죽음은 부활과 승천을 보여준 사건으로서 신의 창조 목적이 성취된 시간(時間)이었다. 그리스도는 영원에서 시간에로 들어왔다 시간에서 영원에로 회귀했으며, 재림 때 다시 한 번 영원에서 시간에로 들어왔다 시간에서 영원에로 회귀하는 사건이 일어나게 된다. 그때가 언제인지는 아무도 모른다.

7장

# 성령, 생명과 사역

## 1. 성령과 태극

성령이란 무엇인가? 지금까지 수많은 신학자들이 이 질문에 대답해왔고, 이를 바탕으로 논쟁을 해왔지만 주장의 요지는 대체적으로 대동소이했다. 성서에 따르면 성령은 "하나님의 영"(창 1:2)이며 "진리의 영"(요 14:17)이고, "하나님"(행 5:3-4) 자신이며 신의 사역을 돕는 "보혜사"(요 14:16, 26)다. 뿐만 아니라 성령은 성부, 성자와 더불어 삼위일체 신의 한 위격(位格)으로서(마 28:19; 고후 13:13), 만물을 창조하고(창 1:1-2) 사람을 거듭나게 한다(요 3:3, 5, 8). 한마디로 말해서 성령은 피조물을 창조했고, 섭리하며 역사하는 존재다.

성령은 피조물을 그렇게 있게 했고, '그렇게 있게 된 것'이 부단히 무엇에로 "창진(創進)"[30]하며 '그렇게 되어가도록 하는 것', 즉 피조물을 피조물로 되게 하는 원리(原理)와 활력(活力)을 갖고 있다. 그러므로 성령을 피조물이 존재와 생성을 지속할 수 있도록 하는 '*Principia*'와 '*Energia*', 이(理)와 기(氣)가 일체된 실체인 태극으로 이해해도 틀리지 않을 것이다. 그러나 여기서 분명히 밝혀두는 것은 '(성령=태극) ⇄ (태극=성령)'이라는 것이 아니다. 성령은 신이고, 태극은 피조물이 '그렇게 있음(Sosein)'과 '그렇게 되어감(Sowerden)'으로 존재할 수 있도록 하는, 피조물의 원피조성을 포괄하고 있는 실체다.[31]

## 2. 신 · 토 관계에서의 성령의 사역

성령의 사역은 매우 다양하지만, 다음의 세 가지로 압축 · 정리된다.

첫째, 성령은 만물을 창조(創造)하는 "하나님의 영"(창 1:2)으로서 토의 실재들인 천 · 지 · 인을 있게 한 창조력이며, 만물이 생명

30) 한숭홍, "종교론," pp. 166-67; 한숭홍, "神土不二 신학의 방법론은 신학적인가?" pp. 235-36, 248.

31) 한숭홍, "역사철학에도 코페르니쿠스는 존재하는가?" 『본질과 현상』 통권 8호(2007 여름), pp. 154-55; 한숭홍, "종교론," pp. 183-85; 한숭홍, "神土不二 신학의 방법론은 신학적인가?" pp. 229, 232, 237, 239-40.

체로 존재할 수 있도록 하는 창조주다. 신이 창조한 피조물 중에 생명현상으로 존재하지 않는 것은 아무것도 없다. 심지어 무생물이라고 하는 돌이나 광물 같은 것들도 인간의 생명현상과는 다르지만, 그것들 나름대로 생명력을 갖고 생성 · 소멸의 과정을 지속하며, 새로운 생명현상을 이어가고 있다. 이처럼 성령은 만물의 생명력이므로 성령의 사역을 인간사와만 관련시켜 해석 · 이해하는 것은 심각한 문제를 야기할 수 있다. 성령은 보혜사로만 사역하는 것이 아니고, 피조물에 내재되어 있는 성향인 신토성과 천지인성이 창조목적과 창조질서에 따라 역사할 수 있도록 사역한다.

성령의 사역은 신 · 토 관계가 시작되면서부터 지속되고 있다. 이는 마치 지구가 생성되면서부터 자전하며 태양의 세 번째 궤도를 공전하는 것과 비견된다. 성령은 피조물의 원피조성과 관계하고 있는 신의 창조적 행위 자체다. 그러므로 성령의 사역을 인간의 삶과만 연계하여 해석하거나 주장한다면 신의 창조목적과 창조질서에서 벗어나는 오류를 범하게 된다. 성령은 피조물을 피조물로 있게 하는, 즉 유를 유로 있게 하는 원리와 활력으로 역사하며, 천 · 지 · 인을 부단히 창조–섭리–역사하는 이와 기의 일체성으로 사역한다.

둘째, 성령은 창조주일 뿐만 아니라 죄와 사망에서 인간을 구속(救贖)한 그리스도다. 틸리히는 삶의 모호성에 대한 질문에 대답하는 것이 성령이라고 주장한다.[32] 물론 삶의 모호성 때문에 성

32) P. Tillich, *Systematische Theologie*, Band I, p. 82; P. Tillich, *Systematische Theologie*, Band

령이 요청되기도 하겠지만, 이런 주장은 인간의 삶과 삶의 제 현상에만 제한된 인간중심주의적 발상이다. 이 주장의 요지는 삶이 "모호성의 뿌리인 본질적이고 실존적인 요소들"을 포괄하고 있다는 것,[33] 그리고 이 삶의 모호성은 성령의 임재로 극복된다는 것이다.[34] 그러나 성령은 인간의 삶이 본질과 실존으로 존재하기 이전부터 항상 "하나님의 영"(창 1:2)이며 "그리스도의 영"(롬 8:9)으로 임재했고 사역 중에 있다.

성서에 따르면 성령은 삼위일체 신의 한 위격으로서(창 1:26; 마 28:19; 고후 13:13) 만물이 창조될 때는 "하나님의 영"으로 그리고 아담의 원죄 사건 이후에는 "그리스도의 영"으로 신 · 토 관계의 완전한 회복(구속)을 위해 사역하고 있다. 이것은 성령이 창조주 신이며 그리스도라는 것, 다시 말하면 천 · 지 · 인을 창조했고 천 · 지 · 인에 요청적인 존재라는 것을 의미한다.

셋째, 성령은 하나 되게 하는 힘이다(엡 4:3-4; 고전 12:13). 하나됨의 궁극적 목적은 아우름이다. 에베소서 4장 1-7절은 겸손, 온유, 인내 그리고 사랑으로 서로 화해하고 평화의 결속으로 성령이 하나 되게 한 것을 힘써 지킬 것과 이런 사명을 지킬 수 있도록 소명된 자로서 신의 은혜에 합당하게 행할 것을 강조하고 있다. 화해와 평화는 수평적 관계를 나타내는 바로미터로서 성령의 하나 되게 함에 의해 야기된 아우름의 현상이다.

---

III (Stuttgart: Evangelisches Verlagswerk, 1966), pp. 130-33, 308-309.

33) P. Tillich, *Systematische Theologie*, Band III, p. 130.

34) Ibid., Vierter Teil: Das Leben und der Geist 참조.

"하나님도 한 분이시니 곧 만유의 아버지시라 만유 위에 계시고 만유를 통일하시고 만유 가운데 계시도다"(엡 4:6). 이 본문에는 창조주와 피조물 간의 관계, 즉 신 · 토 관계에 대한 창조신학적 구조가 극명하게 밝혀져 있다. 신이 만유를 초월해 존재하고 만유를 통일하며 존재하고 만유 안에 존재한다는 것은 신 · 토 관계가 신토성으로 구조되어 있다는 것을 의미한다.

성령은 신토성이 신 · 토 관계의 형식이 될 수 있도록 하는 이(理)와 신 · 토 관계가 창조목적과 창조질서에 따라 실현될 수 있도록 하는 기(氣)를 이기일체로 하나 되게 한 태극과 같은 것이다.

## 3. 신토중심주의 신학에서의 성령론

대다수의 신학자들은 성령을 인간사(人間事)와만 연계하여 해석하며 이론화했다. 성령의 역사를 인간에게 행한 신의 행위로만 이해한 것이다. 이것은 지금까지도 인간중심주의 신학이 정통신학으로서 교회의 지지를 받고 있다는 것을 의미한다. 그러나 신학이 진정 21세기 기독교를 견인해가려 한다면 새로운 신학의 길을 개척해야 할 것이다. 지금부터라도 신학은 삼위일체 신을 인간중심주의 세계관에 입각해서 설명하려 하지 말고, "신토불이중심주의

(sintobul'yicentrism)"[35] 세계관에 입각해서 새롭게 규명하며 신학의 원형에로 돌아가야 한다.

인간중심주의 신학은 신토성과 천지인성을 신학화할 수 있는 신학이 아니고, 오직 인간의 입장에서 신의 창조, 주권, 구속에 대해 진술하는 신학이므로 사실상 피조물의 원창조성에는 접근조차 할 수 없는 결핍된 신학이다. 인간중심주의 신학이 위험한 것은 인간이 자신의 지, 정, 의 등에 의존해 신의 본질을 해석하며 신을 자신의 추상에 따라 조각품처럼 형상화한다는 점이다. 슐라이어마허, 리츨, 트뢸치 등도 이런 오류에서 벗어나지 못한 신학자들이다. 저들의 신은 결국 저들의 주관적 형상으로 피조된 주관주의의 산물에 불과하다. 이런 관점에서 본다면 인간중심주의 신학은 포이에르바흐의 "신학으로서의 인간학", "신학은 인간학"이라는 명제의 신학과 크게 다를 바 없다.[36] 앞의 세 신학자들은 신에 관한 표상이 각자의 주관적 반성에 따라 달라질 수 있다는 점을 시인한 것이고, 포이에르바흐는 인간의 환상이 투영된 것, "인간이 생각하고 마음에 품었던 것이 신"이라고 주장하며 "신의식은 인간의 자아의식이고, 신인식은 인간의 자기인식"이라고 단정했던 것이다.[37] 그런데 이런 신학자들은 신학의 본래성인 신 · 토 관계의 구조를 알지도 알 수도

35) "신토불이중심주의"란 필자가 신조한 학술용어다. 나는 이 신조어를 신토중심주의(thegeocentrism)와 동일한 개념으로 사용한다. 한숭홍, "神土不二 신학의 방법론은 신학적인가?" pp. 244-45, 250 참조.

36) L. Feuerbach, *Das Wesen des Christentums*, pp. 10, 23-26, 346, 400.

37) Ibid., pp. 52-53.

없는 무지의 상태에서 신을 규정하려 했기 때문에 신학함의 폭이 매우 제한적이고, 그 결과 신학을 인간학적 해석학의 범주에서 해방시킬 수 없었다. 신은 '텍스트(Text)'처럼 해석학적 방법으로 해석될 수 있는 '대상적 존재(das Objektsein)'가 아니고, 현상학적 방법으로 직관될 수밖에 없는 '존재 그 자체(das Sein an sich)'다.

신학이 참신학이 되려면 인간중심주의뿐만 아니라 신중심주의에서도 해방되어야 한다. 신중심주의 신학은 가장 정통적이고 가장 훌륭한 신학처럼 인식되고 있지만, 실상은 매우 독선적이고 폭력적이다. 기독교사의 많은 부분은 신의 이름을 빙자하여 자행한 신학논쟁과 이단정죄, 마녀사냥과 종교재판, 이교도에 대한 박해와 폭력, 종교전쟁과 대학살 등의 내용들과 이런 행위들을 적그리스도에 대한 승리처럼 자화자찬한 내용들로 기록되어 있다. 신중심주의는 과학의 원리와 우주의 법칙까지도 종교재판의 대상으로 삼을 만큼 위력이 대단했고, 그 권력은 왕권까지도 지배했다. 아직도 신중심주의 신학을 절대진리처럼 신봉하는 세계 신학계의 오늘의 현상을 우리는 어떻게 이해해야 할 것인가?

예수는 이리가 아니고 양이었으며, 리바이어던(Leviathan)이 아니고 목자였다. 그런데 신학은 지난 2000년 동안 신의 이름이 새겨진 깃발을 앞세우고 점점 더 난폭한 이리로, 사나운 리바이어던으로 세상을 지배해왔고, 이 신학으로 교회를 장악했다. 내가 신학의 해방을 부르짖는 이유는 이 때문이다. 인간중심주의 신학만큼이나 신중심주의 신학도 모순적이기 때문에 21세기의 신학은 신학의 해방으로부터 새로 출발해야 한다. 나는 인간중심주의 신학도 배척하고, 신중심주의 신학도 배척한다. 참신학은 신중심주의적이며 그리스도중심주의적인 신학, 창조신학과 구속신학으로 구조된 신학이어야 한다. 이 신학이 신토중심주의 신학이며 신학의 원형이다. 신토불이 신학은 이 신학을 지향한다.

신토불이 신학의 성령론은 다음과 같이 정리된다.

첫째, 성령은 피조물을 창조하고 섭리하고 역사하는 "하나님의 영"(창 1:2)으로서 신 · 토 관계의 신토성과 천 · 지 · 인 관계의 천지인성이 창조목적과 창조질서에 따라 운동할 수 있도록 사역하는 존재다. 달리 말해서 성령이란 천 · 지 · 인의 생성 · 소멸의 과정을 추진하는, 이기일체를 이루고 있는 태극으로 역동하는 힘 자체다. 이 힘 때문에 천 · 지 · 인이 그렇게 있을 수 있게 되었고 그렇게 되어갈 수 있게 되었다. 성령의 본질을 창조신학적-구속신학의 입장에서 규정할 수 있을 때 비로소 성령을 태극으로 이해할 수 있게 된다.

둘째, 성령은 "말씀"이며 "하나님과 함께" 있던 신이며 만물을 지은 창조주다(요 1:1-3). 이 말씀은 "생명"과 "참빛"이고, "말씀이 육신이 되어 우리 가운데 거하는" 독생자이다(요 1:4-14). 이 본문에 따르면 성령은 성부인 동시에 성자다. 성령은 삶의 모호성을 극복 · 지양하는 힘도 아니고, 인간사와만 관계하는 실체도 아니다.

결론적으로 말하자면 신토불이 신학은 성령의 본질을 창조신학적-구속신학에 따라 규정하며 인간의 구속(救贖)에만 제한시킨 기독론을 지양하고 천 · 지 · 인을 위한 그리스도, 즉 신토불이 실체로서의 그리스도의 구속 사역에 역점을 둔다.

**8장**

# 교회, 신국과 역사(歷史)

## 1. 교회란 무엇인가?

교회란 의미로 쓰이는 그리스어 *ecclesia*는 본래 '공동체', '집회' 등의 뜻을 가진 낱말이었으나 신약성서에서 성도들의 공동체(고전 12:28)란 의미로 두루 쓰이면서 교회를 가리켜 일컫는 특수 용어가 되었다. 이것은 교회도 사회 공동체처럼 제도적 형식을 가진 공동체라는 것을 의미한다.

교회란 무엇인가? 이 문제는 교회의 기원과 본질에 관한 신학적 이해를 요구한다. 다음의 몇 가지로 이 문제를 정리할 수 있다.

첫째, 이스라엘 자손이 출애굽의 긴박한 상황에서도 모세와 아론의 인도로 유월절을 지켰던 때(출 12장)를 예배 모임(*Kahal*)의 원년으로 볼 수도 있고, 예수께서 "너는 베드로라 내가 이 반석 위에 내 교회를 세우리니"(마 16:18)라며 교회 설립에 관해 분명히 언급한 때를 교회의 기원으로 볼 수도 있을 것이다. 예수는 베드로가 예수를 그리스도로 고백한 것이 기독교 신앙의 초석이 될 수 있고, 이에 대한 증인이 될 수 있다고 인정했기 때문에 그에게 "천국 열쇠"(마 16:19)까지도 넘겨주었다.[38] 그러나 이때를 교회의 시원(始原)으로 보는 시각에는 문제가 있다. 한 건물의 반석과 건물 자체는 다른 것이다. 베드로는 교회의 반석이었고, 그 위에 그리스도의 몸 된 교회가 세워진 것이다. 어쨌든 성서가 교회의 기원에 대해 어떤 형식으로든지 규정했다는 점에서는 의미가 있겠으나, 이것이 곧 교회의 기원이며 교회의 원형에 대한 진술이라고 단정하기에는 문제가 너무 많다.

둘째, 예수가 갈릴리 어부들을 제자로 삼아 공생애를 시작하며(마 4:18-22; 막 1:16-20; 눅 5:1-11) 저들과 함께한 공동체는 비록 단순했지만 그래도 일정한 형식을 갖춘 에클레시아였다. 이 교회는 작은 교회였지만 교회의 원형을 발현하고 있는 실체였고 보편적 교회를 배태(胚胎)하고 있는 참교회의 모본이었다. 이 교회의 본질을 신토불이 신학은 "원교회성(Urkirchlichkeit)"이라고 규정한다.

셋째, 예수는 "두세 사람이 내 이름으로 모인 곳에는 나도 그들 중에 있느니라"(마 18:20)라고 말씀하며 두 명 이상이 그리스도의 이름으로 모인 곳까지도 교회라고 가르쳤다. 이것이 교회의 본래

---

38) 마태복음 16장 19절을 가톨릭교에서는 예수께서 베드로에게 수위권(*potestas clavium*)을 부여하며 사도승전(使徒承傳)을 허용한 것으로 해석하고, 개신교에서는 이를 인정하지 않는다.

성이며, 교회의 원형에 대한 가장 완전한 정의다. 이에 근거하여 사도 바울은 기독교인 각자가 "하나님의 성전"이며 "하나님의 성령"이 그 안에 내재해 있는 거룩한 곳이며(고전 3:16) "주 안에서 성전이 되어 가고"(엡 2:21) 있는 실체, 즉 교회라고 했다. 예수는 예배드리기 위한 모임에 비중을 두었고, 바울은 그리스도 안에서의 삶에 역점을 두었다.

바울은 성도들이 어떻게 교회가 되어가고 있는지 분명히 가르치고 있다. 기록에 따르면 다음과 같다.

> 20너희는 사도들과 선지자들의 터 위에 세우심을 입은 자라 그리스도 예수께서 친히 모퉁잇돌이 되셨느니라 21그의 안에서 건물마다 서로 연결하여 주 안에서 성전이 되어 가고 22너희도 성령 안에서 하나님의 거하실 처소가 되기 위하여 그리스도 예수 안에서 함께 지어져 가느니라(엡 2:20-22).

위의 본문에서도 밝혀졌듯이 교회는 제도적 형식으로만 존재하는 기구가 아니고, 인간 각자가 그리스도와 어떻게 함께하느냐에 따라 성전이 될 수도 있기 때문에 가변적이고 보편적인 실체다.

넷째, 지난 2000년 동안 수많은 신학자들이 교회에 대하여 정의를 했고, 교회의 본질과 기능에 대하여 진술했지만 "교회는 구원의 방주"(Cyprianus)라는 이 한 명제만큼 기독교가 금과옥조처럼 신봉하는 교회론은 없다. 그러나 문제는 이러한 교회론이 결국 기독교를 폐쇄적 종교로 전락시켰다는 점이다. 나는 구원의 방주론을 결코 부정하지 않는다. 다만 구원의 방주도 교회의 다양한 기능들 중의 하나일 수는 있지만, 교회만을 방주라고 믿는 것은 극히 배타적이라는 점을 말하려는 것이다.

다섯째, 거룩한 신이 세속적인 피조물에 편재(遍在)해 있다는 것은 역설적이기도 하고 모호하기도 하다. 하지만 분명한 사실은 신에 의해 창조된 피조물은 모두 거룩할 수밖에 없다는 것이다. 신이 창조한 것은 모두 성스럽고 위대하기 때문이다. 이런 맥락에서 신토불이 신학은 신이 편재하여 있는 곳을 교회로, 그리고 이 교회를 신 안에서 성스러운 것과 세속적인 것이 현상적으로는 서로 반대되는 것처럼 보이지만 본질적으로는 서로 일치하고 있는 것으로, 즉 성과 속의 반대일치(*coincidentia oppositorum*) 된 실체로 해석한다. 신이 있는 곳이 교회라는 것은 교회가 아닌 곳은 없다는 것을 가리키는 것이다. 모든 곳이 거룩하고, 모든 곳이 교회라는 것, 이 진리는 예수가 골고다에서 죽으며 몸소 보여주었다. 예수가 이에 대한 산 증인인 셈이다. 이것은 십자가 사건으로 세속 공간도 성소가 되었다는 것을 의미한다(마 27:51; 막 15:38; 눅 23:45). 교회는 의인과 죄인이 함께 모이는 곳이다. 교회에서는 의인도 죄인도 모두 성도가 된다. 교회에는 선과 악, 영원과 시간 등등 상대적 가치를 아우를 수 있는 일원성이 존재하기 때문이다. 이것이 교회의 사회성을 구현하는 코이노니아(*koinonia*)다.

여섯째, 신토불이 신학은 교회를 태극의 양태로 해석하기도 한다. 태극은 음양을 포괄하고 있는 실체로서 그 스스로 프린시피아(*Principia*)이며 에네르기아(*Energia*)이고 이기일체다. 태극에는 음이 양이 되고 양이 음이 되는 반대일치의 가소성이 상존(常存)하고 동시에 음과 양이 함께 작용하는 반대복합(*complexio oppositorum*)의 가소성도 실재한다. 바로 이것이 교회의 모습이 아닌가? 만물에 편재하는 신이 오직 태극에만 부재한다는 것, 신이 만물의 음에서나 양에서는 동인(動因)으로서 작용할 수 없다는 것은 신론의 문제이기 이전에 신의 속성인 전지, 전능에 문제가 있다는 것이 아닌가? 나는 '태극이 교회다'라고 주장한바 없다. 다만 교회의 본질과 현상에 대한 다양한 진술들 중의 한 형식으로서 교회를 태극과 유추관계로 해석하려 했을 뿐이다.

교회는 구원을 위한 목적으로 설립된 유일한 기구가 아니다. "교회 밖에는 구원이 없다(*extra ecclesiam nulla salus*)"는 키프리아누스의 주장은 '로마 제국 밖에는 자유가 없다'는 제국주의적 국가론과 이데올로기에서 착안한 관계유비로 볼 수 있다. 사실 그는 로마 교회를 모든 교회의 근원으로, 베드로를 1대 교황으로 주장하며 교회구조의 체계 및 형태를 로마 제국의 정치조직과 유사하게 만들기 위해 힘썼다. 그러나 문제는 '교회 밖에도 교회가 있다'는 창조신학적 교회론과 '방주 밖에도 구원이 있다'는 구속신학적 교회론이 비록 교회의 원형을 추구하는 교회론이기는 하지만 아직도 신학의 문맹주의가 교회의 본질에 원신학(Urtheologie)으로의 접근을 차단하고 있다는 것이다.

신은 창조주이며 구속주이기 때문에 인류의 구원은 그의 창조목적과 창조질서에 따른 주권에 속한다. 그의 주권이 교회에서만, 그리고 교회를 통해서만 행사된다는 것은 어불성설이다. 신의 구속은 이미 그리스도의 오심 이전부터 예정되었고, 그를 알지 못했던 이방인들에게도 "이방인의 하나님"(롬 3:29)으로 역사했다. 교회가 "하나님의 집"이며 "그리스도의 몸"이며 "성령이 역사하는 곳"인 한 교회는 삼위일체 신의 구속 사역이 이루어지는 현장이다. 교회는 구원의 기구이지만 교회만이 구원의 유일한 기구는 아니다. 이것이 교회의 본질에 내포된 역설이다. 신토불이 신학은 신이 역사하는 곳이면 어느 곳이든지 성소이며 교회라고 주장한다. 신이 떠난 교회와 교회 밖에서 역사하는 신, 어느 통로가 구원의 길인가? 그렇다면 신토불이 신학은 구원의 상대성을 주장하는 종교상대주의나 구원의 다원성을 주장하는 종교다원주의란 말인가?

나는 종교상대주의자도 종교다원주의자도 아니다. 나는 나의 신앙에 충실한 기독교인일 뿐이다. 그렇기 때문에 나는 나의 신앙만큼이나 타 종교의 신앙도 존중한다. 그만큼 나도 타 종교로부터 대접받기를 원하기 때문이다. "무엇이든지 남에게 대접을 받고자 하는 대로 너희도 남을 대접하라"(마 7:12)는 예수의 가르침에 따르는 것이 종교상대주의적이고 종교다원주의적이란 말인가?

예수는 성 · 속의 공간을 구별했던 휘장을 둘로 찢어 갈라놓아 모든 공간을 신이 거처하는 곳으로 만들었으나, 키프리아누스는 둘로 찢어진 휘장을 꿰매 한 폭으로 만들어 치며 다시 성소를 지정했다. 키프리아누스가 예수에 역행하는 주장을 했는데도 교회론의 정설로 수용될 수 있었다는 것은 불과 2세기 정도밖에 지나지 않았는데도 기독교 신학은 엄청날 정도로 예수의 신학에서 벗어나 이질화되었다는 것을 의미한다. 이 문제는 지금의 기독교가 예수에 의해 "천국 복음"(마 4:23, 24:14)이 전파되며 형성된 기독교냐, 신학자들의 장설다변(長舌多辯)에 의해 정설로 결정되고 능문능필(能文能筆)로 "탈예수화(Entjesuisieren → Entjesuisierung)" 된 종교냐에 대한 보다 정직한 대답을 요구한다.

기독교는 그리스도의 터 위에 세워졌으며(고전 3:10, 12), 그리스도의 교리에 근거하며(고전 15:1-4), 모든 사람을 위한 종교로서(마 28:18-20), 구원이 그 핵심을 이루고 있으며(행 4:14), 사람을 변화시키는 종교다(고전 6:11). 그러므로 기독교는 교부들이 공의회를 통해 결정한 내용들이나 신학자들이 신학논쟁을 통해 정립한 이론에 편승하여 '교회=방주=구원'의 등식을 정통신앙으로 보수해왔던 관행을 버리고 성서 그 자체로부터 교회의 본질과 기능을 신학화해야 할 것이다. 예수의 사상에 따르면 제도적 교회만 '구원의 장소'가 아니고 신 · 토 관계가 실현되는 곳이면 어디든지 교회다. 이것이 그가 가르친 교회의 본래성이다. 이에 더하여 바울은 "그리스도의 마음"(고전 2:16)을 가진 각자의 몸 자체도 거룩한 교회라고 가르쳤다. 이해할 수 없는 것은 교회가 성서를 정경(Canon)으로 인정하면서도 교회의 원형을 성서의 가르침에서 배우려 하지 않고 키프리아누스의 이론에서 배우려 한다는 점이다. 이 얼마나 역설적이며 모호한 일인가. 왜 그런가?

신은 만유에 편재하여 존재한다(엡 4:6; 시 139:7-12). 바꿔 말하면 피조물은 창조주에 의해 창조되었고, 그 안에서 존재하며 그의 섭리와 역사의 대상이다. 따라서 신이 존재하는 곳은 어디나 교회며, 이것이 신의 속성이기도 하다. 교회를 "하나님의 집"(고전 3:9; 딤전 3:15), "하나님이 거하시는 처소"(엡 2:22), "살아계신 하나님의 교회요 진리의 기둥과 터"(딤전 3:15) 등으로 규정하는 한 토는 신이 편재한 곳이며, 교회인 것이다. 이처럼 신토불이 신학은 교회를 신 · 토 관계의 구조에서 직관할 수밖에 없는 실체로 규정하기 때문에 창조신학적-구속신학으로 접근해가며 교회의 본래성을 천착(穿鑿)해 간다. 이 말은 토의 실재들인 천 · 지 · 인 자체가 하나님의 집이며, 교회라는 것을 의미한다. 아마 이 표현에 곧바로 범신론 운운하며 비판하는 이들이 있을 것이다. 범신론은 신을 피조물의 모든 것과 동일시하지만, 신토불이 신학은 신을 "창세로부터 그의 보이지 아니하는 것들 곧 그의 영원하신 능력과 신성이 그가 만드신 만물에 분명히 보여 알려지게"(롬 1:20) 하는 존재, 즉 신을 인식하고 인지할 수 있도록 토를 창조한 존재, 그래서 편재한 존재(엡 4:6; 시 139:7-12)로 인식할 뿐 결코 피조물과 동일시하지는 않는다. "누구든지 예수를 하나님의 아들이라 시인하면 하나님이 그의 안에 거하시고 그도 하나님 안에 거하느니라"(요1 4:15).

교회는 "하나님이 자기 피로 사신"(행 20:28) 곳이며, 신의 땅화로 말미암아 토의 실재들인 천 · 지 · 인 간의 코이노니아가 이루어진 곳이다. 신의 땅화로 구속이 완성되었으며, 그리스도, "보이지 아니하는 하나님의 형상"(골 1:15)에 의해 피조물의 원피조성이 회복되었다. 이에 대하여 성서는 "만물이 그에게서 창조되되 하늘과 땅에서 보이는 것들과 보이지 않는 것들"(골 1:16), 즉 천 · 지 · 인이 "다 그로 말미암아 그를 위하여 창조되었고 또한 그가 만물보다 먼저 계시고 만물이 그 안에 함께"(골 1:16-17) 존재한다고 증언하고 있다. 이에 따르면 신은 토(만물)를 창조했고 포괄하고 있으며 토의 실재들인 천 · 지 · 인이 함께 있을 정도로 관계를 유지하고 있는데, 이것이 곧 신 · 토 간의 코이노니아이며, 천 · 지 · 인 간의 코이노니아인 것이다. 신 · 토 간의 관계에 원피조성으로 내재되어 있는 성향은 신토성이고, 천 · 지 · 인 간의 관계에 원피조성으로 내재되어 있는 성향은 천지인성이다.

정리하면 교회는 예배를 위한 장소이므로 성소 같은 거룩한 곳일 뿐 아니라 만물이 그리스도 안에서 친교를 나누는 곳이다. 그러므로 "그리스도의 몸을 세우려 하심이라"(엡 4:12)라는 것은 그리스도의 몸이 교회라는 것을 의미한다. 교회는 결단코 예배의 장소만은 아니다. 예배의 장소로 건축된 교회만을 성소로 신앙하는 극단적인 교회론은 성지사상(聖地思想)으로 이데올로기화될 수 있고, 신키프리안주의(Neo-Cyprianism)로 도그마화될 수 있기 때문에 성서적이고 신학적인 것처럼 비춰지기는 하지만 실상은 매우 비성서적이고 비신학적이다. 이 사상의 또 하나의 문제는 방주 안의 사람들만을 선민으로 간주하는 선민의식(選民意識)을 고질화(痼疾化)할 수 있다는 점이다. 선민의식과 성지사상은 유대 민족의 율법주의 산물이다. 예수는 유대 민족만을 위한 율법의 유효기간이 세례 요한 때로 끝났고(마 11:13), 그 이후로는 자신에 의해 "완전하게" 된 세계 만민을 위한 새 율법의 시대가 열렸음을 선포했다(마 5:17).

신토불이 신학은 선민의식과 성지사상을 철저히 배척한다. 선민의식에는 신이 그의 형상대로 사람들을 만들었지만 자신들만을 하나님의 백성으로 선택했고, 여타의 족속들은 버림치 취급을 하며 스올(*Sheol*)로 내팽겨쳤다는 인종차별주의가 잠재되어 있다. 선민의식이 초래한 또 하나의 오류는 자신들이 살고 있는 특정 지역만을 거룩한 땅이라고 믿음으로써 신의 편재성마저 제한한 것이다. 선민의식과 성지사상은 결과적으로 창조신학을 부정하고, 신의 창조목적과 창조질서에 소영웅주의로 정면 도전하는 것이라 하겠다. 선민의식과 성지사상의 20세기 판은 히틀러(A. Hitler)에 의해 창도된 게르만 민족주의와 독일 제3제국이다. 히틀러는 선민의식과 성지사상의 일체성을 이데올로기화했고, 나치즘(Nazism)이라는 사상으로 종교화했다. 신토불이 신학은 만인이 죄인이며 동시에 의인이므로 범성일여(凡聖一如)하다고 주장한다. 그러므로 이 신학은 인종차별주의를 교묘하게 위장한 선민의식의 종교성을 철저히 부정한다. 선민의식이 위험한 것은 이렇게 의식화된 사람들이 사는 곳만을 성지로 숭배하며 성지사상을 종교화함으로써 궁극적으로는 대지숭배를 절대화하기 때문이다. 신토불이 신학은 신 · 토 관계가 그리스도로 말미암아 "화목하게"(골 1:20) 되었고 천 · 지 · 인 자체가 거룩한 곳이라는 점을 성서에 근거하여 역설하며 이론화한 신학이다.

## 2. 교회와 신국

교회는 "하나님의 도성"(히 12:22)이며 "흔들리지 않는 나라"(히 12:28)며 이 세상에 실현된 신국(神國)이다. 보다 정확히 표현하면 교회는 신국의 닮은꼴이고 신국은 교회의 형상이다. 이것은 교회의 원형을 신국에서 찾아야 한다는 것을 의미한다.

창세기에 따르면 신국은 에덴동산이며, 그곳은 창조주와 피조물이 함께 있던 곳이며, 진 · 선 · 미의 보편타당한 가치가 완전히 실현되어 있던 곳이었다. 신은 인간에게 "복을 주시며", "생육하고 번성하여 땅에 충만하라", "땅을 정복하라", "모든 생물을 다스리라"(창 1:28)라고 축복하며 창조목적과 창조질서에 따라 자연을 다스릴 것을 위임했다. 에덴은 창조주가 피조물과 함께 있으며, 서로 같은 언어로 소통하며(창 3:1–5, 8–19), 친교하며 지냈던 곳이다. 에덴은 그 자체로서 신이 거하는 처소이며 신의 명령과 말씀으로 신 · 토 관계의 원형이 유지되는 곳이었다. 에덴에는 죄가 존재하지 않았기 때문에 피조물은 모두 순수했고, 그래서 신이 죄인을 부르기 위해 땅화될 필요도 없는 곳이었다. 에덴에서 창조주와 피조물 간의 관계는 신 · 토 관계의 원형이었다. 에덴에서는 신 · 토 간의 수직적 관계와 천 · 지 · 인 간의 수평적 관계가 서로 다른 차원에서 존재하지 않는다. 에덴에는 현대물리학에서 규정하는 의미의 차원이 존재하지 않기 때문이다. 그러므로 수직적 관계와 수평적 관계라는 공간적 차원의 관계성은 존재할 수 없다. 이런 관계성은 아담과 하와가 죄로 에덴동산에서 추방되면서 시작되었다.

인간의 원형이 신이듯이 교회의 원형은 에덴이다. 에덴에서는 하나님의 말씀 자체가 생명이었고 복음이었다. 그리고 신이 피조물과 함께 있으며 서로 하나의 언어로 의사소통할 수 있었던 곳, 그곳 자체가 교회였다.

20세기 신학자들 중 일군(一群)은 신국을 사회적 유기체로 인식하며 정치, 경제, 사회 등의 관점에서 진술했다. 저들의 이론이 틀린 것은 아니다. 하지만 신국을 사회현상학적으로만 이해함으로써 신국의 기능을 편향적으로 해석한 저들의 저의는 비판의 대상이 될 것이다. 지상에 실현된 신국으로서의 교회가 사회적 기능을 수행해야 함은 당연지사이며 성서적이기도 하다. 교회는 복음을 온 누리에 전파해야 하는 전도의 사명(마 28:19-20; 막 16:15)과 "믿음의 말씀"(딤전 4:6)을 가르쳐 깨닫게 해야 하는 교육의 사명(딤전 4:6, 11, 13, 16; 행 2:42)과 "네 이웃을 네 자신과 같이 사랑하라"(롬 13:9)는 예수의 명령에 따라 사회를 위해 헌신해야 하는 봉사의 사명을 가진 공동체다. 문제는 극히 일부의 세력들이기는 하지만 교회의 사회적 기능을 주창(主唱)하는 인사들 중에는 이를 구실로 현실 정치에 참여하려는 이들도 있고, 특정 정권의 정책이나 정치노선을 무조건 "부자들만을 위한 정치"라고 매도하며 사회적 갈등을 조장하고 계급투쟁을 부추기는 세력들도 있으며, 체제전복을 목표로 한 아지프로(agitprop)로 민심이반(民心離反)을 꾀하는 무리들도 있다는 점이다.

그 반면에 일군의 신학자들은 신국을 계시록에 입각해서 해석했고, 칼뱅주의자들은 신의 주권과 관련하여 해석했으며, 교조주의적 근본주의자들은 로마서 13장 1절을 전거로 정교분리(政教分離)를 신의 명령으로 해석하며 교회의 사회 참여를 부정하는 경향으로 신학을 이끌어갔다. 그러나 이런 접근방식들로는 신국을 올바로 이해할 수 없다.

신국이란 명목하에 자신들의 주장을 이념(理念)이나 천기(天機), 교조(教條)나 주의(主義)로 치환하여 펼쳐놓은 것을 신국이라 할 수는 없다. 신국은 신학자들의 후험적(*a posteriori*) 인식을 통해 존재성을 갖게 된 대상이 아니고, 선험적(*a priori*) 인식으로 설명되어야 하는 실체다.

신국은 창조목적과 창조질서에 따라 신의 사랑이 토에 '하향적으로 지향(*agape*)'하고 동시에 토로 하여금 창조주에 '상향적으로 지향(*eros*)'하도록 신이 섭리하고 역사하는, 이로써 신의 주권이 구체적으로 상징화된 실체다. 신토불이 신학은 이 관계를 신토성이라 규정한다. 신토성은 원피조성으로서 '아가페 ⇄ 에로스'의 상호관계를 포괄하고 있다. 위의 진술을 정리하면 신국은 신이 "자기의 독생자를 세상에 보내심"(요1 4:9)으로 이미 현현되었고, "새 하늘과 새 땅"(계 21:1)을 세우고 "만물을 새롭게 함"(계 21:5)으로 실현될 개연성으로 실재하고 있다.

신국은 다음의 세 가지로 특징화된다.

첫째, 신국은 신의 사랑 안에 거하는 생활을 가리킨다. 이에 관하여 요한1서는 보다 구체적으로 기술하고 있다.

> 10사랑은 여기 있으니 우리가 하나님을 사랑한 것이 아니요 하
> 나님이 우리를 사랑하사 우리 죄를 속하기 위하여 화목 제물로 그
> 아들을 보내셨음이라 11사랑하는 자들아 하나님이 이같이 우리를
> 사랑하셨은즉 우리도 서로 사랑하는 것이 마땅하도다 12어느 때나
> 하나님을 본 사람이 없으되 만일 우리가 서로 사랑하면 하나님이
> 우리 안에 거하시고 그의 사랑이 우리 안에 온전히 이루어지느니
> 라(요1 4:10-12).

이것은 신국이 이미 인간의 삶에 내재해 있으며, 체험의 대상으로 "온전히 이루어져 있음"(요1 4:12)을 직설적으로 표현한 것이라 하겠다. 본문의 핵심은 아들을 보낼 정도로 "하나님이 이같이 우리를 사랑하셨은즉 우리도 서로 사랑하는 것"(요1 4:11)이 충족률(充足律)이 되어야 한다는 것이다.

신국은 인간과만 관계된 소망의 대상이 아니다. 신학은 지난 2000년 동안 많은 오점을 남겼는데 그 중의 하나가 신국론이다. 신국에 들어갈 수 있는 대상은 인간뿐이라는 신앙, 그리고 이러한 무지에서 비롯된 광신(狂信) 때문에 신국에 관한 열린 토론과 주장마저 이단시되었고, 결과적으로는 창조신학과 구속신학에 역행하는 오류를 범하게 되었다. 한마디로 신학의 광기가 신학의 오류를 자초한 것이다. 미학에서 광기는 예술가의 정열(Leidenschaft)과 예술로 승화될 가소성으로서의 미(Schönheit)가 어느 한순간 혼연일체되어 미의 극치를 분출하는 행위이지만, 신학에서 광기는 토에 대한 신의 궁극적 관심마저 차단하고 곡해시켜 결과적으로는 신을 모독하는

독신(瀆神) 행위다.

우리는 신국에 대하여 보다 개방적이고 거시적인 안목을 가지고 접근해야 한다. 신은 "만유 위에 계시고 만유를 통일하시고 만유 가운데 계시는"(엡 4:6) 존재이기 때문에 자신이 디자인하여 창조한 작품들 곧 천 · 지 · 인 모두에 무차별적인 사랑을 갖고 섭리 · 역사한다. 신국은 신의 사랑을 통해 이미 천 · 지 · 인에서 현현되었고, 천 · 지 · 인은 신 안에서 이미 구체적 현상으로 구현되었다. 이것은 토의 실재들에 대한 신의 사랑이 독생자를 세상(천 · 지 · 인)에 보낼 정도로 궁극적이었다는 것을 의미한다(요 3:16). 요컨대 신국은 인간의 삶의 자리에서 신의 사랑이 실현되어가는 현실성으로 존재하며 동시에 신 · 토 간의 총체적이고 무조건적인 사랑의 관계에 의해 성취되어 가는 가능성으로 실재한다.

둘째, 신국은 그리스도가 오심으로 성취되었다(마 12:28). "인자가 온 것은 섬김을 받으려 함이 아니라 도리어 섬기려 하고 자기 목숨을 많은 사람의 대속물로 주려 함이니라"(마 20:28; 막 10:45). 이 본문에 따르면 예수는 스스로 그리스도라는 의식을 갖고 있었고, 그를 통해 만민이 구속될 수 있다는 사실과 그의 강림으로 이미 그가 "섬기려는" 나라가 도래했음을 분명히 밝히고 있다. 신 · 토 관계를 연결하는 중보자로서 그리스도는 그가 있는 곳이 그가 섬길 신국임을 이처럼 강하게 언급했다.

신국은 그리스도께서 "내 안에 거하라 나도 너희 안에 거하리라"(요 15:4)라는 말씀을 통해 명령했듯이 그리스도에 속하는 순간

이미 실현되었다. 그러므로 그 순간 이후 기독교인은 더 이상 "세상에 속한 자가 아니요"(요 15:19), 신국에 속한 사람으로 변화된 것이다. 예수께서는 부활 후 제자들이 모인 곳에서 "내가 세상 끝날까지 너희와 항상 함께 있으리라"(마 28:20)라고 말하면서 신국이 말세에 이르기까지 세상과 함께 있는 나라라는 점을 분명히 밝혔다.

신국에 통용될 수 있는 그리스도의 계명은 "내가 너희를 사랑한 것 같이 너희도 서로 사랑하라"(요 15:12)라는 것이다. 이것은 신국에 속하는 자들이 지켜야 할 지상의 강령이며, 신의 절대명령이다. 성서는 믿음으로 영생을 얻고 구원을 얻는다고 가르치고(요 3:15, 16, 36, 5:24, 6:40, 47, 11:25–26, 20:31; 행 13:39; 롬 1:17, 5:1, 10:9–10), "영생의 소망"(딛 1:2), "산 소망"(벧전 1:3), "의의 소망"(갈 5:5) 등에 관해서도 강조하고 있지만 성서가 드러내려는 요지는 "그런즉 믿음, 소망, 사랑, 이 세 가지는 항상 있을 것인데 그 중의 제일은 사랑이라"(고전 13:13)는 이 한 구절에 집약되어 있다.

그런데 언제부턴가 '정의', '평화' 등이 신국의 실재를 대표하는 대명사처럼 사용되고 있다. 그러나 이런 개념들은 종개념(種槪念)일 뿐이다. 신국을 상징하는 개념은 '사랑'이며, 기독교를 사랑의 종교라고 하는 것은 이에 근거한다. 이 사랑은 정의, 평화 등은 물론 어떤 개념들도 포괄하고 있는 유개념(類槪念)이다. 이웃을 내 몸처럼 사랑할 수 있는 사람에게 이웃에 대한 정의나 평화를 요구한다는 것은 자기모순이며 자가당착이다.

셋째, 신국은 성령으로 말미암은 의와 화평과 기쁨을 일컫는다(롬 14:17). 성령은 성부와 성자와 더불어 신의 한 위격으로서 역사(役事)하는 존재이며(마 28:19; 고후 13:13), 우리를 "하나님의 자녀"(롬 8:16), "하나님의 상속자"(롬 8:17)라 증언한다. 천사는 마리아에게 성령으로 잉태될 "거룩한 이"를 "하나님의 아들"이라 고지했다. 이것은 예수의 탄생이 그리스도의 오심임을 예고한 것이다(눅 1:35). 이런 맥락에서 이해할 경우 우리가 "하나님의 자녀"가 되었다는 것은 성령으로 말미암아 우리도 이미 그리스도 안에서 신국의 삶을 누리고 있다는 것을 의미한다. 그리스도는 "하나님의 아들"로서 그 자신이 곧 성부, 성자, 성령의 삼위일체 신이며, 신국이다. 성령은 우리 자신이 신국의 백성이며, 신국 안에 거하는 존재임을 증언하고 있다(요 15장).

로마서의 기록에 따르면 예수 그리스도는 "하나님의 한 의"(롬 3:21)로서 나타났기 때문에 그를 믿는 자에게는 "믿음으로 말미암아 의롭다"(롬 3:30)는 성령의 증언이 보장되어 있다. 그러므로 믿음으로 의롭게 된 자는 신과 평화를 누리고(롬 5:1), 신 안에 거하며 그와 함께하는 삶의 즐거움을 누리게 된다(롬 5:11). 바울이 신국을 상징할 수 있는 개념으로서 "의", "화평", "기쁨"을 역설한 것은 신국은 성령의 역사로 실현되는 것일 뿐 "음식"과 "음료" 같은 물질로 채워지는 질료적 세상이 아님을 강조하기 위한 것이다. 여기에서 시사하고 있듯이 바울은 처음부터 신국과 지상의 나라를 분명히 구별했다. 신국은 성령의 역사로 실현되는 신적 가치의 형상(*forma*)으로, 지상의 나라는 물질적 세계관이 지배하는 세속적 가치의 질료

(*materia*)로 대별될 수 있는데 이런 전통은 바울과 아우구스티누스를 거쳐 루터와 칼뱅에 이르러 기독교의 두 왕국설로 고착되었다.

신토불이 신학은 신국과 지상의 나라를 서로 대칭적으로나 적대적으로 인식하지 않는다. 아담의 죄로 사망이 왕 노릇 하는 지상의 나라가 생겼으나 예수 그리스도로 말미암아 생명이 왕 노릇 하는 신국이 건설된 것이다(롬 5:12–21). 그러므로 신국과 지상의 나라는 성과 속의 반대일치에서 이해할 수 있듯이 서로 상합된 실체일 뿐이다. 그렇다면 공산주의나 나치즘 같은 악의 제국은 이 실현된 신국 내에 왜 존재하는가? 이것은 피조물의 본성에 선천적으로 잠재된 악에 대한 묘한 동경의 본능이 발동하여 발생된 고의적인 죄의 현상이다. 하와가 순수하고 무흠무결(無欠無缺)한 존재였으나 뱀의 유혹에 넘어갔던 것도 이런 원인에 의해 설명된다. 비근한 예를 들면 베드로도 예수를 부인할 정도로 악은 항상 그 본체를 이루고 있는 요소들 중의 하나인 것이다. 선과 악은 상합의 관계로 존재하는 상대적 개념이며 실체이므로 신국인 이곳은 동시에 지상의 나라이기도 하다. "하나님의 자녀"(롬 8:16)인 그리스도인들마저 죄인이며 의인이라고 하지 않는가(롬 4:25). 어쨌든 그리스도가 오심으로 지상의 나라는 신국이 된 것이다. 뿐만 아니라 토의 실재들인 천 · 지 · 인마저도 성스러운 존재로 회복된 것이다.

## 3. 신국과 역사

신국과 역사라는 이 거대한 담론은 기독교 역사철학에서 다루어져야 할 과제다. 신학에서 역사의 문제는 구속사와 관련되어 있을 뿐 아니라 종말론에 대한 소망의 신학과도 깊은 관계를 맺고 있다. 구속사는 세계사 내에서의 그리스도의 사건과 맞물려 있으므로 복합적인 성격을 갖고 있다.

역사는 인간의 삶의 한 형식이다. 그러므로 인간이 존재하지 않는 곳에서는 역사가 생겨날 수 없다. 이것은 역사가 생명력을 가진 유기체와 같은 생물이며 조직을 형성해가는 실체라는 것을 의미한다. 역사는 발생하는 사건 자체로서 의미를 갖기도 하고, 그 사건에 대한 해석을 통해 의미화되기도 하므로 항상 이중성을 갖고 진행해가고 있다. 여기서 나는 역사관의 다양한 유형들 — 직선사관, 나선형 발전사관, 변증법적 발전사관, 유물사관, 순환사관 등등 — 을 소개하기보다는 역사 자체가 구속사와 어떻게 연계하여 운동하고 있는지를 밝히려 한다.[39)]

만일 누군가가 철새들이 잠깐 머물다 떠나가는 무인도의 생태계를 보며 무인도의 역사를 기술하려 한다면, 이런 발상은 신화적이며 우화적이다. 이런 논리라면 땅 속에서도 역사가 발생하며, 바위에 박힌 광석들에서도 역사의 기승전결이 진행될 것이다. 역사

39) 한숭홍, "기독교사관과 유물사관," pp. 61-113; 한숭홍, 『철학 12강』 (서울: 장신대 출판부, 2005), pp. 113-38; 한숭홍, 『철학적 신학』, pp. 141-64, 217-54, 353-57 참조.

란 인간과 관계된 사건과 이에 대한 해석에 의해 만들어지기 때문에 인간이 배제된 자연 자체에서 역사가 발생한다는 것은 불가능하다. 물론 자연은 역사가 될 개연성으로 존재한다. 내가 말하려는 것은 자연 자체의 현상이나 운동이 역사일 수 없다는 것이다.

신토불이 신학은 창조신학의 관점에서 역사에 접근하며 역사에서의 신의 창조목적과 창조질서를 발견하여 의미화하는 데 초점을 맞추고 구명(究明)한다. 역사란 실체는 시간과 마찬가지로 인간의 차원에 속하는, 피조물에 부여된 속성의 잠재력이며 자연에 주어진 개연성이다. 그러므로 무엇이든지 역사가 될 수 있는 개연성을 가지고 피조물은 현존하고 있다. 바꿔 말하면 피조물에는 이미 역사성이 내재되어 있다.

인간은 역사적 사건의 물리적 현상을 통해서만 사건의 사실을 파악할 수 있지만, 신은 인간이 전혀 상상조차 할 수 없는 차원에서 사건을 야기하고 의미화하며 역사로 만들기 때문에 인간으로서는 역사 자체를 완전히 이해할 수 없다. 이 점이 바로 인간의 의식이 도달할 수 없는 한계다. 인간은 자신의 삶에서 기승전결된 사건을 'Geschichte'라 하고, 그 사건을 해석하여 의미화하며 'Historie'라고 하지만 사실 역사 그 자체는 이미 그 사건을 일으키도록 선험적으로 주어진 사건의 원인인 셈이다. 피조물의 실재들에는 이미 역사성이 주어져 있다. 다만 그 역사성이 언제, 어떻게 사건화되느냐에 대하여는 아무도 알 수 없다. 이렇게 역사는 창조 때부터 신의 창조목적에 의해 그렇게 되게끔 되어 있으며, 그렇게 되어가며 창조질서를 이어가고 있다.

역사는 신 · 토 관계를 통해서뿐 아니라 토의 실재들인 천 · 지 · 인 간의 상호관계를 통해서도 역사화 되어가고 있다. 역사는 항상 기습적으로 찾아오고, 사건에 대한 해석을 남기며 또 다른 사건으로 이어져가곤 하다. 이것이 역사의 인과율 법칙이다. 역사는 순환하지도 반복하지도 회귀하지도 않고, 일회적(一回的)이고 일의적(一義的)으로 기승전결의 과정을 거쳐 가며 의미를 남기고 역사화 된다. 그리고 역사적 사건이 새로 야기되어 그 뒤를 이어가며 역사는 진행한다.

구속사는 세속사와 맞물려 움직이며 사건을 역사화한다. 그러므로 이 둘의 분리는 불가능하다. 예수는 신이며 인간이었고, 그 자신이 곧 역사의 중심이었다. 이것은 구속사와 세속사가 서로 이질적이기는 하지만 반대복합의 관계로 엮여 있기 때문에 하나가 다른 하나 없이는 역사화될 수 없다는 것을 의미한다. 그리스도의 오심으로 토의 실재들이 구속되어 신 · 토 관계를 회복했듯이 그리스도로 말미암아 역사의 완성이 이루어졌다. 말하자면 천 · 지 · 인은 우주적–물리적–생물학적 차원에서 세속사의 사건적 의미와 연계되지만 동시에 구속사와 연계하여 원피조성을 회복함으로써 신과의 수직적 관계는 물론 천 · 지 · 인 간의 수평적 관계까지도 성취하게 되었다.

역사철학은 세 가지로 유형화된다.

제1 유형은 '신중심주의(theocentric)' 역사철학으로서 역사에 인간은 대상으로 참여할 뿐 책임적 존재로는 활동할 수 없다는 역사철학이다. 이런 역사철학은 역사를 인간과 분리(分離)시킴으로써 역사신비주의에 이르게 될 위험을 안고 있다. 이런 유형의 역사철학은 결국 비역사주의(非歷史主義)로 전락하게 된다. 인간은 종종 '신중심주의'라는 개념에 절대성을 부여하려는 의식의 오류에 빠지곤 한다. 이 개념은 무한의 경지에 접하고 싶은 인간의 기망(企望)을 일종의 누미노제 감정으로 표출시키기도 한다.

제2 유형은 '인간중심주의(anthropocentric)' 역사철학으로서 역사 자체를 인간이 만들어간다는 데 초점을 맞추고 있으며, 인간이 역사의 주체로서 역사를 이끌어간다는 것이다. 이런 역사철학의 오류는 역사를 인간의 노리개로 전락시킬 위험을 안고 있다는 것이다. 이것은 무역사주의(無歷史主義)의 전형이다.

제3 유형은 '신토중심주의(thegeocentric)' 역사철학으로서 신 · 토 관계에 대한 "신토구조학적(thegeotectonic)"[40] 접근으로 역사를 해석하는 역사철학이다. 역사의 본질은 창조신학적-구속신학의 관점에 따라 분석-해석-이해-판단될 때 비로소 완전히 규명될 수 있다. 역사의 기승전결에 신이나 인간의 일방적 관심은 역사의 본질을 왜곡시키며, 역사를 비역사화(非歷史化)하거나 무역사화(無歷史化)할 수 있다. 신토중심주의 역사철학이 요청되는 것은 바로 이런 역사철학

40) "신토구조학적"이란 필자가 신조한 학술용어다. "신토구조학"이란 피조물의 실재들인 천 · 지 · 인이 현상적으로나 질료적으로는 서로 상이하고 이질적인 것으로 존재하고 있지만 본질적으로나 형상적으로는 서로 동일하며 동질적인 것으로 존재할 수밖에 없는, 그러므로 필연적으로 신의 창조목적과 창조질서에 따라 상호관계될 수밖에 없는 구조를 가리키는 학술용어다.

의 오류를 제거하여 역사를 완성된 역사로 만들어 갈 수 있기 때문이다.

지금까지 신학은 신의 존재를 증명하기 위한 논리학이었다. 부연해서 설명해보면 신학은 이론에 의해 정립된 합리적 학문이고, 성서는 "하나님의 감동"(딤후 3:16)으로 기록된 '말씀'으로서 진 · 선 · 미의 보편타당한 진리의 정경(正經)이다. 따라서 참신학은 교회가 광신(狂信)이나 경신(輕信)에 경도되어가며 교회의 정체성을 상실해가는 현실이나 열린 예배를 빙자하며 열린 음악회나 신명나는 놀이마당의 행태로 이질화되어가는 탈교회성을 경고하고, 성서의 가르침에 따른 교회의 본래성을 가르쳐주며, 교회를 교회답게 만들어 가야 한다. 교회를 위한 신학이 요청적인 것은 이 때문이다.

신학은 교회가 교인들을 감상주의로 이끌어가거나 맹신주의로 길들이는 것을 차단해야 한다. 교회의 감상주의나 맹신주의는 창조주 신에 대한 신앙을 이질화하면서 궁극적으로는 악령숭배의 길로 가게 된다.

정리하면 참신학은 교회가 교회의 원형으로 존재할 수 있도록 하는, 교회를 위한 신학이 되어야 한다. 이것은 신학이 교회의 본래성에 감상주의나 맹신주의로 접근하지 말고 신학도 학문이므로 학문의 방법론으로 접근해야 한다는 것을 의미한다. 한마디로 신학이 참신학이 되려면 신학 자체가 철학이 되어야 한다는 말이다. 나는 '신학의 철학화(Philosophieren der Theologie)'를 역설하며 '철학적 신학(*theologia philosophorum*)'을 주장한다. 이 신학이 아니고서는 장차 십자가

밑에 예수상과 여러 종교의 교조상들 및 잡다한 신상들을 그려 붙여놓고 굿판을 벌리는 새로운 형태의 예배를 막을 수가 없다.

# 맺음말

나는 서양 신학의 밤하늘을 보며 한국 신학의 여명을 기다려 왔다. 나는 기회가 있을 때마다 이런 심정을 둔필(鈍筆)로 표현하며 동료, 선 · 후배들에게 한국 신학을 함께 만들어가자고 권하곤 했으나 돌아오는 것은 칼날 같은 예리한 비판뿐이었다. 그러나 분명한 사실은 서양에서는 더 이상 신학이 나올 수 없다는 것이다. 신학의 원천이 고갈됐기 때문이다. 서양 신학자들이 동양 사상에 관심을 기울이는 것은 이 때문이다. 현재 서양을 대표하는 신학자들은 솔직히 말해서 새로운 신학을 창조하고 있는 신학자라기보다는 선배들의 사상을 잘 간추려 소개하는 신학교수에 불과하다. 나의 이런 지적에 대해 불쾌하게 생각하는 이들이 많다. 저들은 아직도 서양에서 만들어진 신학만이 참다운 신학이라고 믿기 때문이다.

나는 서양 신학을 배척하지도 않고 숭배하지도 않는다. 내가 신학을 시작할 때만해도 바르트, 불트만, 브루너, 틸리히 등을 비롯해서 수다(數多)한 신학의 거성들과 하이데거, 야스퍼스, 사르트르, 러셀, 블로흐, 호르크하이머, 아도르노, 마르쿠제 등등 신학함에 직접적으로나 간접적으로 자극제가 되었던 수많은 지성들이 60, 70대 전후의 나이로 한참 활동하고 있었고, 저들의 가르침을 이어받은 제자들이 40대의 나이로 활발하게 연구하며 초학자로서 길을 가고 있었는데, 이제 저들은 거의 유성이 되어 밤하늘을 가르며 사라지고 말았다. 서양 신학의 끝장이 이렇게 시작된 것이다.

나는 신학 2000년사를 개괄(槪括)하며 신학의 거인들이 신학의 원형에는 접근조차 하지 못하고 신학의 각론이나 방법론, 또는 교회를 위한 변증론이나 논쟁술에만 몰입했던 점을 발견할 수 있었다. 신토불이 신학의 관점에서 보면 신학 2000년사는 신학의 원형을 알지도 못했고, 그렇기 때문에 그런 신학을 할 수도 없었던 신학자들의 군웅할거의 무대였다.

신토불이 신학은 신 · 토 간의 관계에서 형성되는 신토성(神土性)과 토의 실재들인 천 · 지 · 인 간의 관계에서 형성되는 천지인성(天地人性)을 창조신학적-구속신학의 관계로, 그리고 신의 창조목적과 창조질서에 따른 섭리와 역사를 *Principia*(理)와 *Energia*(氣)의 이기일체 구조로 해석하는 신학이다. 이 신학을 이론화하면서 무극(無極)과 태극(太極), 이와 기 등과 같은 개념들이 신론, 기독론, 성령론, 교회론을 개진하는 데 도입되었고, 이 개념들로 신토불이 신학은 구조화되었다. 그러나 나는 무극과 태극, 이와 기 등과 같은 개념들을 동양 철학의 어느 노선에서 차용해 사용하지 않았다. 그러므로 나는 무극이 먼저냐, 태극이 먼저냐 라는 논쟁에서 자유롭다. 나는 이 낱말들을 나의 철학에 따라 철학화한 후 일정한 개념으로 주형해서 나의 신학에 도입했다. 이런 일은 학계의 관행처럼 되어 있다. 예를 들면 '구조(構造)'라는 낱말을 레비스트로스(Claude Lévi-Strauss)와 토목공학자는 서로 다른 개념으로 사용하지 않는가!

나는 "신은 왜 인간이 되었는가?"라는 질문보다는 '신은 왜 창조주가 되었는가?'라는 질문이 더 궁극적이라고 생각한다. 이 문제는 신이 땅화된 사건으로 풀이된다. 신이 땅화된 것은 인간만을 구속하기 위한 것이 아니고, 토와의 관계를 총체적으로 회복하기 위한 것이다. 신은 피조물을 완전히 창조했고, 아담의 원죄로 인해 피조물을 완전히 추방했으며, 스스로 땅화됨으로써 피조물을 완전히 구속했다.

서양 신학의 오류는 구속의 대상을 인간으로 한정한 점이다. 신토불이 신학은 구속의 대상을 무한히 넓혀 토의 실재들인 천 · 지 · 인까지도 그리스도를 대망했고, 신이 땅화되는 순간 완전히 구속되었다는 기독론을 주장한다. 단적으로 말해서 그리스도는 창조신학적-구속신학의 관계에서만 그리스도라는 것이다. 이것이 신토불이 신학이 주장하는 이론의 핵심이다.

Résumé

# A Treatise on the Sintobul'yi Theology

Soong-Hong Han, Dr. phil.
(Professor Emeritus in PCTS)

## Preface

This thesis consists of two sections. The first section deals with the historical impact as to the analysis and criticism of the reasons why theology failed to be theological and show that "Sintobul'yi theology(神土不二 神學)" is the archetype of theology. The second section deals with how God, Christ, the Holy Spirit and the church will be theorized on the basis of "Sintobul'yi theology".

## Part 1: Self-Critical Reflection of Theology

### I. Self-Ambiguities of Theology

The 2,000 year long history of theology is a testament to the fact that it has failed to break out of the limitation of "*micro*-theology" due to the fact that it has been tamed by the church and how it has maintained its role in favor of the church. As a result, it has failed to even have a concept of "*macro*-theology". Disposition of *macro*-theology is "die *Urtheologität*(原神學性)".

### II. Superficialism of Theology and the Limitation of New Theologism

Has theology succeeded in achieving its intended purpose? This question contains a self-reflection that theology has failed to have any access to "thegeonity(神土性)" being the disposition inherent to earth(dust, clay) and "uranogeanthropity(天地人性)" which is the disposition inherent to the concept of "the Heaven-the Earth-the Man(天 · 地 · 人)" and that it has only perceived the outer layer of theology which it has incorrectly regarded as theology.

Urtheologität of theology is a term referring to the true nature of *theologia archetypa* which has theorized the God-earth relation in the structure of "the creationstheological-salvationstheology".

## III. Approach to Theology Itself

God exists in the mode of being the God in its own dimension. It is, therefore, incorrect to describe *Seinsmodi* of God in the language of man. In this regard, man can neither have access to God's dimension nor does he understand *Seinsmodi* of God. Although man is able to speak about God, he nevertheless knows the existence of God. This truth makes sense even to atheists.

The authentically true theology has to be formed in itself in order to approach theology. The theology must be newly formulated as the theology to be structured of die Urtheologität.

## IV. Sintobul'yi Theology as the Archetype of Theology

Cultural theology being the first type of Korean theology and social theology being the second type of Korean theology have collectively represented Korean theology. With the coming of the third type of theology in the early 1990s, three types of theology now co-exist in Korea.

The third type of theology is the pursuit of the archetype of theology. This theology appeared in the Korean theological society in 1994 with the scientific name of "Sintobul'yi theology" which is the theology I created. I created the new Christian theology by theorizing the archetype of theology which western theology has failed to access. The third type of theology is not limited by society, ideas, cultures, religions, ethnic groups or the customs of any particular nation as it is formed on the basis of the relationship of creation and redemption theology between God and its creatures.

From now on, theology should break away from the perception that it is a tool of the church, and instead, it should make the church conscious of the fact that the church is being formed by theology. Hence, theology can no longer function as a scientific tool whereby it degrades itself into being a tool of the church or custom makes something to the order from the church. To state that theology should be a science for the church is another way to state that the church should give freedom of growth to theology to enable it to become a science for the church.

## Part 2: Essence of the Sintobul'yi Theology

### V. God: Creation and Phenomenology

What kind of being is God? God is the Creator of *Taegeuk*(太極), the ultimate being which brought *Taegeuk* to existence and the source of the whole creation. Such being is *Mugeuk*(無極), which is the existence having life and also the life of all things in the universe. Such existence was referred to as *Apeiron* by Anaximandros, as *Idea* by Platon and as *causa prima* by Aristoteles. That *Mugeuk* is the Creator of *Taegeuk* means *Mugeuk* created all things in the universe with the purpose of creation and according to its plan. This means that *Mugeuk* is the "self-creating being" which has brought all things in place, that it is the "self-ontic being" which is not an objective being but the "self-subjective being". *Mugeuk* exists as God, does so indefinitely, is the original form of the whole creation, creates all things in the universe, but however, cannot be created by itself. *Mugeuk* exists on its own and can, therefore, be understood to be nature.

Judaism is a religion linking God only with ethnic Jews and hence an ethnic religion radicalized by means of "theomonopolistic theology". On the contrary, Christianity is a religion radicalized by means of "Christocentric theology" with the emphasis that

Christianity speaks to the universal God which is the God of love for all human beings, including the Gentiles(Romans 3:29). To this end, I developed "the theomonopolistic-Christocentric theology".

Sintobul'yi theology is a theology which closely examines "thegeonity" being a disposition inherent to the God-earth relation and also examines closely the "uranogeanthropity," which is a disposition inherent to the concept of "the Heaven-the Earth-the Man".

Thegeonity is the original creativity and cannot be examined by means of an analytical approach, but can only be understood through intuition as to earth. In addition, uranogeanthropity cannot be understood through epistemological or analytical approaches but can only be grasped through *Mugeuk* being the Creator and intuition about *Taegeuk* which equates to having overall control on both *Principia*(理) and *Energia*(氣).

## VI. Christ: Salvation and Hermeneutics

I do not deny Christology but only contend that Christ does not take care of only sinners but is the "earthenized(땅화된)" mediator having the purpose of leading the entire creation to salvation, in order to recover the relationship between God and earth. Theology taking such a perspective is "the creationstheological-salvationstheology". I have characterized such new paradigm of theology as the archetype of theology and have discovered that such archetype in Sintobul'yi theology. Sintobul'yi theology regards Christ as the substantial entity of Sintobul'yi which has overall control on the Heaven-the Earth-the Man and as God is related to original creativity symbolized by earth. The foregoing suggests that creatures are figures related to the Creator by the creationstheological-salvationstheology, subject to salvation and hence, there is no Christ existing only for the man. Such theory of redemption is Sintobul'yi soteriology and reconciliaitonstheory of God with earth. The birth of Christ realized redemption, his works fulfilled God's purpose, his death liberated God and his resurrection testified to statement that death would result in eternal life.

Christology cannot but depend on the creationstheological-salvationstheology as it should be interpreted in the context of the journey of Christ's life. Jesus Christ is two natures in one person as to the relationship between God and earth and also substantialized reality being the entity of identity of *Principia* and *Energia* when it comes to the relationship of the Heaven-the Earth-the Man. The entity of *Principia* and *Energia* is *Taegeuk*. *Taegeuk* is the combined entity in the inseparable relationship *Principia* which allows the Heaven-the Earth-the Man to exist on its own and *Energia* being generated. In short, it is the original source of the existence which brought all things in the universe to their being.

## VII. Holy Spirit: Life and Work

The Holy Spirit is the being identical to *Taegeuk* which is the inseparable entity consisting of *Principia* which allows thegeonity to become the *Principia* of the God-earth relation and *Energia* permitting the God-earth relation to be realized according to the purpose and order of creation.

The Holy Spirit has the power to bring into being the Heaven-the Earth-the Man which is the reality of earth and is the Creator which allows all things in the universe to co-exist with life. The Holy Spirit is the existence which works to have thegeonity and uranogeanthropity function in accordance with the purpose and order of creation.

From now on, theology should not attempt to explain God of the Trinity from the perspective of a world view based on anthropocentrism or theocentrism, but instead, the focus should be on the original form of theology with efforts to look into God anew based on a world view of sintobul'yicentrism.

I deny theology based on either the concept of anthropocentrism or theocentrism.

## VIII. Church: the Kingdom of God and History

Sintobul'yi theology construes the place where God is omnipresent to be the church and regards the church, although something sacred and something profane appear phenomenally in God to be the opposite of each other, as the reality of *coincidentia oppositorum* of the sacred and the profane. Saying that a place where God exists is the church indicates that there are no places that are not churches. This means that the substantial entity of the Heaven-the Earth-the Man which can be symbolized by earth is the house of God and the church.

Sintobul'yi theology construes the church as *Taegeuk* which is a substance comprising of *Yin*(陰) and *Yang*(陽), constitutes *Principia* and *Energia* by itself and identity of *Principia* and *Energia*. In *Taegeuk*, plasticity of *coincidentia oppositorum* persists whereby *Yin* becomes *Yang* or vice-versa and at the same time *complexio oppositorum* exists whereby*Yin* and *Yang* co-exist together.

The church resembles the Kingdom of God which takes the shape of the church. This means that the original form of the church should be discovered in the Kingdom of God. According to the Genesis, the Kingdom of God is the Garden of Eden where the Creator existed together with its creatures and universally valid value of truth, goodness and beauty were completely realized.

At the Garden of Eden, the relationship between God and its creatures was the archetype of the God-earth relation. Likewise, the archetype of man is God and the archetype of the church is the Garden of Eden.

Sintobul'yi theology does not perceive the Kingdom of God and nations of this world to be at odds with or hostile to each other. As understood from *coincidentia oppositorum* of things sacred and profane, the Kingdom of God and the nations of this world are the substantial entities which correspond to each other.

Sintobul'yi theology approaches history based on the perspective of the creationstheological-salvationstheology and focuses on searching out the purpose and order of creation by God in history. History has been made not only through the God-earth relation but also through the *inter*-relationship of the Heaven-the Earth-the Man which is the substance of earth.

Philosophy of history based on the foregoing can be classified into three categories.

The first category is the theocentric philosophy of history which points to the concept that man participates in history only as an object and is unable to act as a responsible entity. Such philosophy of history involves the risk of ending up with history mysticism by separating man from history.

The second category is the anthropocentric philosophy of

history which focuses on man making history and taking a position that man is a major player in history and has a leading role in it. The error of this type of philosophy of history is that it is involved in a hazard that history can be degraded into a plaything of man and fall thoroughly into demonism. This is the typical example of ahistorism.

The third category is the thegeocentric philosophy of history which interprets history through the thegeocentric approach in respect of the God-earth relation. True nature of history can only be fully examined when analyzed, construed, understood and judged from the perspective of the creationstheological-salvationstheology.

## Concluding Remarks

In conclusion, the 2,000 year long history of theology has failed to know its original form and has only provided a forum for those theologians who have been unable to practice such original theology.

Sintobul'yi theology interprets thegeonity being formed through the God-earth relation and uranogeanthropity being formed in the relation of the Heaven-the Earth-the Man which is the substance of earth in the context of the creationstheological-salvationstheology, and also does the providence and history pursuant to the purpose and order of creation by God in the structure of identity of *Principia* and *Energia*. In the course of theorizing this theology, concepts like *Mugeuk*, *Taegeuk*, *Principia* and *Energia* have been introduced to determine the theory of God, Christology, theory of the Holy Spirit and ecclesiology whereby Sintobul'yi theology has been structured.

I have never borrowed concepts like *Mugeuk*, *Taegeuk*, *Principia* and *Energia* from any line or school of eastern philosophy and I am, therefore, free from the debate of eastern philosophers as to whether *Mugeuk* or *Taegeuk* comes first. I have philosophized these words based on my own philosophy and molded them into certain concepts before reflecting them into my own theology.

# 용어풀이

- **거시적 신학(*macro*-theology)**: 창조주와 피조물 간의 관계 및 피조물 상호 간의 관계에 대해서까지 확대하여 해석하는 신학. → '신독점주의적-그리스도중심주의 신학', '신토율 신학', '원신학', '원형 신학', '창조신학적-구속신학'.
- **그렇게 되어감(Sowerden)**: 피조물의 본래성. 피조물을 그렇게 되도록 하는 피조물의 '생성방식'. → '원피조성'.
- **그렇게 있음(Sosein)**: 피조물의 본래성. 피조물을 그렇게 있도록 하는 피조물의 '존재방식'. → '원피조성'.
- **동질삼상(同質三像, trimorphism)**: 천 · 지 · 인은 토의 실재들이므로 형상적(形相的)으로는 상이하지만 본질적으로는 같음.
- **미시적 신학(*micro*-theology)**: 교회에 의해 정설로 받아들여질 수 있도록 신과 인간의 관계에만 초점을 맞춘 신학.
- **신독점주의(theomonopolism)**: 창조주가 한 특정 민족만을 위한 신이라는 신앙. 선민의식과 성지사상이 강한 민족의 신앙양태.
- **신독점주의적-그리스도중심주의 신학(theomonopolistic-Christocentric theology)**: 신독점주의 신학은 창조주를 민족신으로 숭배하는 신학이기 때문에 창조신학이 될 수 없고, 그리스도중심주의 신학은 신이 땅화된 목적을 인간의 구속과만 연계하기 때문에 피조물에 대한 구속신학이 될 수 없음. 신은 모든 민족을 창조한 신이고, 그리스도는 피조물의 원피조성을 회복하기 위해 땅화된 존재. → '거시적 신학', '신토율 신학', '원신학', '원형 신학', '창조신학적-구속신학'.
- **신인류(*hominide novus*)**: 신의 땅화로 새로운 피조물이 된 인류.
- **신키프리안주의(Neo-Cyprianism)**: 교회만을 구원의 방주로 신앙하는 교회론은 성

지사상으로 이데올로기화 될 수 있고, 방주 안의 사람들만을 선민으로 간주하는 구원론은 선민의식으로 도그마화 될 수 있음. 성지사상과 선민의식을 고수하는 구원론.

- **신토구조학(thegeotectonic):** 그리스어 *theos*(신), *ge*(흙, 땅), *techne*(기술)의 합성어. 신 · 토 관계의 구조를 신학적으로 규명하며 진술하는 체계.
- **신토불이 구속론(thegeonomische Theorie der Erlösung, Sintobul'yische Theorie der Erlösung):** 신이 땅화된 사건을 신 · 토 관계로 해석하며, 이런 관점으로 구속론을 이론화함. → '신 · 토 화해론'.
- **신토불이중심주의(sintobul'yicentrism):** → '신토중심주의'.
- **신토성(神土性, thegeonity, Thegeonität):** 그리스어 *theos*(신)와 *ge*(흙, 땅)의 합성어. 신 · 토 간의 본래성.
- **신토율(thegeonomy):** 그리스어 *theos*(신), *ge*(흙, 땅), *nomos*(법) 의 합성어. 피조물의 원피조성이 결정되는 필연 조건율(必然條件律).
- **신토율 신학(thegeonomous theology):** 기독교 신학 2000년사는 '신율 신학(신중심주의 신학)'과 '자율 신학(인간중심주의 신학)'의 대립 · 갈등의 역정이었다. 신학은 신율이나 자율에 의해 결정되는 것이 아니고, 신토율에 의해 결정된다. → '신독점주의적-그리스도중심주의 신학', '원신학', '원형 신학', '창조신학적-구속신학'.
- **신토중심주의(thegeocentrism):** 신중심주의 세계관이나 인간중심주의 세계관의 한계성을 극복 · 지양해서 신 · 토 간의 포괄적인 관계로 천 · 지 · 인을 관조하는 세계관.
- **신 · 토 화해론(Versöhnungslehre von Gott mit den Kreaturen, Versöhnungslehre zwischen Gott und Erde):** 신이 땅화된 것은 인간만을 구속하기 위한 것이 아니고, 창조주와 피조물 간의 관계회복을 위한 것이라는 사상. 신 · 토 관계의 구조로 구속론을 해석함. → '신토불이 구속론'.
- **신학주의(theologism):** 성서의 권위와 사도신경에 근거한 기독교 신학의 정통성을 종교상대주의나 종교다원주의에 입각하여 해석하며 진술하는 일종의 종교학적 신학행위. → '탈신학화'.
- **에네르기아(*Energia*):** 그리스어 *energeo*(활동하다)에서 파생. 아리스토텔레스의 *energeia*와 구별하기 위하여 *Energia*로 표기함. *energeia*는 만물에 작용하는 힘, *Energia*는 피조물의 생성방식을 결정하는 '기(氣)'. *Energia*를 동양 철

학의 기와 혼동하지 말 것.

- **에덴인(Edenite)**: 창조되면서부터 에덴동산에 살았던 인간.
- **원교회성(Urkirchlichkeit)**: 예수가 공생애를 시작하며 제자들과 함께한 신앙공동체의 본래성.
- **원신학(Urtheologie)**: 신 · 토 관계의 관점에서 신학함의 내용과 방법을 거시적으로 구조화한 신학. → '거시적 신학', '신독점주의적-그리스도중심주의 신학', '신토율 신학', '원형 신학'.
- **원신학성(Urtheologität)**: 신 · 토 관계를 창조신학적-구속신학의 구조로 신학화한 신학의 본질. → '원형 신학'.
- **원존(原存, *archeon*, Ursein)**: 그리스어 *arche*(원, 근원)와 *on*(존재하는 것)의 합성어. 아담의 말뜻은 '사람', '붉은 땅'이고 "모든 산자의 어머니"(창 3:20)인 하와의 말뜻은 '생명'의 근원임. 신토불이 신학은 아담과 하와의 상징성인 흙과 생명을 피조물의 원존이라 규정함.
- **원피조성(Urgeschöpflichkeit)**: 수직적으로는 신 · 토 간의 관계에 내재되어있고, 수평적으로는 천 · 지 · 인 간의 관계에 내재되어있는 본래성. → '신토성', '천지인성'.
- **원형 신학(*theologia archetypa*)**: 창조신학적-구속신학으로 구조화된 신학의 원형. → '거시적 신학', '신독점주의적-그리스도중심주의 신학', '신토율 신학', '원신학', '창조신학적-구속신학'.
- **이성일위(二性一位, Zweieinigkeit)**: 예수는 신이 땅화된 그리스도이므로 신의 창조성과 토의 피조성이 일위를 이루고 있는 존재. → '신토성'. '이성일위'를 범신론이나 내재신론 또는 물활론 등과 연계하는 오류를 범하지 말 것.
- **죽음의 신학(Todestheologie)**: 예수의 죽음을 역사의 완성이나 시간의 완성 또는 구속의 완성 등으로만 해석하지 않고, 신과 토의 수직적 관계와 토의 실재들인 천 · 지 · 인 간의 수평적 관계가 서로 만난 접점으로까지 넓혀 해석하는 신학. 예수의 죽음으로 피조물의 원피조성이 회복되었다는 점을 주장. 이 신학은 1960년대 미국에서 유행했던 '신 죽음의 신학(Death of God theology)'과 무관함. 이 두 신학을 혼동하지 말 것.
- **지구인(tellurian)**: 아담의 죄로 에덴동산에서 추방되어 지구에서 살게 된 인간. 신토불이 신학에서는 아담과 하와가 죄로 에덴동산에서 쫓겨나 '이 땅의 인간(*homotellus*)'으로 살고 있는 인간형을 "tellurian"이란 의미로 개념화했다.

tellurian이란 낱말은 '흙', '토양', '땅' 등의 의미로 쓰이는 라틴어 *tellus*에 어원을 두고 있다. 그러므로 tellurian이란 용어를 "지구인"으로 번역해 쓰기보다는 '이 땅의 인간'이란 개념으로 쓰는 것이 정확하겠지만, 일상적인 용례에 따라 "지구인"으로 통용한다. tellurian을 '*homo tellurianus*'로 표기할 수도 있다. 정리하면 tellurian이란 개념에는 '타락한 후 이 땅에 살고있는 아담의 후예(원죄 인간)'라는 의미가 함유되어 있다.

- **창조신학적-구속신학(creationstheological-salvationstheology)**: '거시적 신학', '신독점주의적-그리스도중심주의 신학', '신토율 신학', '원신학', '원형신학'.
- **천지인성(天地人性, uranogeanthropity, Uranogeanthropität)**: 천 · 지 · 인 간의 관계에 원피조성으로 내재되어 있는 성향. 신토불이 신학에서 사용하는 개념인 '천 · 지 · 인'이나 '천지인성' 등은 동양 철학의 '천지인' 사상이나 한국 신학계 일각에서 주창되고 있는 "천지인 신학"의 '천지인' 개념과 무관함.
- **탈신학화(Enttheologisierung)**: 신학의 본래성을 본질변이 시켜가며 이질화해가는 행태. → '신학주의'.
- **탈예수화(Entjesuisierung)**: 예수의 신성을 부정하며 예수를 사회혁명가나 민중운동가 정도로 인식하는 행태.
- **프린시피아(*Principia*)**: 만물의 존재방식을 결정하는 '이(理)'. *Principia*를 동양 철학의 이와 혼동하지 말 것.
- **향토신(Lokalkoloritgott)**: 특정 지역에서 숭배하는 그 지방의 신. 민족종교의 신개념과 연계됨.

# 참고문헌


한숭홍. 『문화종교학: 종교학파와 방법론을 중심으로』. 서울: 장신대 출판부, 1993.

______. 『신학이란 무엇인가?』. 서울: 장신대 출판부, 2003.

______. 『철학 12강』. 서울: 장신대 출판부, 2005.

______. 『철학적 신학』. 서울: 장신대 출판부, 2006.

한숭홍. "한국에 기독교 신학 신대륙의 청사진을." 『한국기독공보』, 1984. 4. 28, 6면.

______. "기독교사관과 유물사관." 『교회와 신학』 제16집(1984. 5), pp. 61-113.

______. "신학의 본질론에 관한 논고: 신학함의 새로운 차원을 찾아서." 『신학춘추』, 1993. 3. 24, 2면.

______. "한국 토착화 신학의 현주소." 『침신대학보』, 1994. 10. 28, 2면.

______. "문화변동에 따른 신학의 변화 전망." 『장신논단』 제13집(1997), pp. 487-514.

______. "신토불이 신학(神土不二 神學)." 『제488주년 종교개혁기념학술강좌』(2005년 10월 26일 장신대 총학생회 주관 주제강연 자료집), pp. 19-49.

______. "기독교 인간관: 神土不二 신학의 관점에서." 『본질과 현상』 통권 2호(2005 겨울), pp. 37-50.

______. "한국교회 분열과 신학적 논쟁: 神土不二 神學의 사고지평에서 개진하며." 『장신논단』 제24집(2005. 12), pp. 553-82.

______. "신, 그는 누구인가?." 『본질과 현상』 통권 5호(2006 가을), pp. 200-14.

______. "식물은 무엇을 말하는가?." 『본질과 현상』 통권 6호(2006 겨울), pp. 161-79.

______. "호모 에코노미쿠스." 『본질과 현상』 통권 7호(2007 봄), pp. 150-71.

______. "평양대부흥운동의 神土不二 신학적 구조." 『교회와 신학』 제68호(2007 봄),

pp. 6-15.

______. “역사철학에도 코페르니쿠스는 존재하는가?.” 『본질과 현상』 통권 8호(2007 여름), pp. 150-71.

______. “태초에 언어가 있었다.” 『본질과 현상』 통권 9호(2007 가을), pp. 89-109.

______. “종교론.” 『본질과 현상』 통권 12호(2008 여름), pp. 161-88.

______. “神土不二 신학의 방법론은 신학적인가?.” 『본질과 현상』 통권 13호(2008 가을), pp.220-50.

______. “한국 기독교사, 어떻게 읽을 것인가?.” 『본질과 현상』 통권 15호(2009 봄), pp. 177-203.

박신배. “태극 신학: 한국 신학의 새로운 가능성.” 『문화와 신학』 통권 제12집(2008), pp.119-45.

허호익. “천지인 신학의 성서적 신학적 근거 모색.” 『문화와 신학』 통권 제12집(2008), pp.11-40.

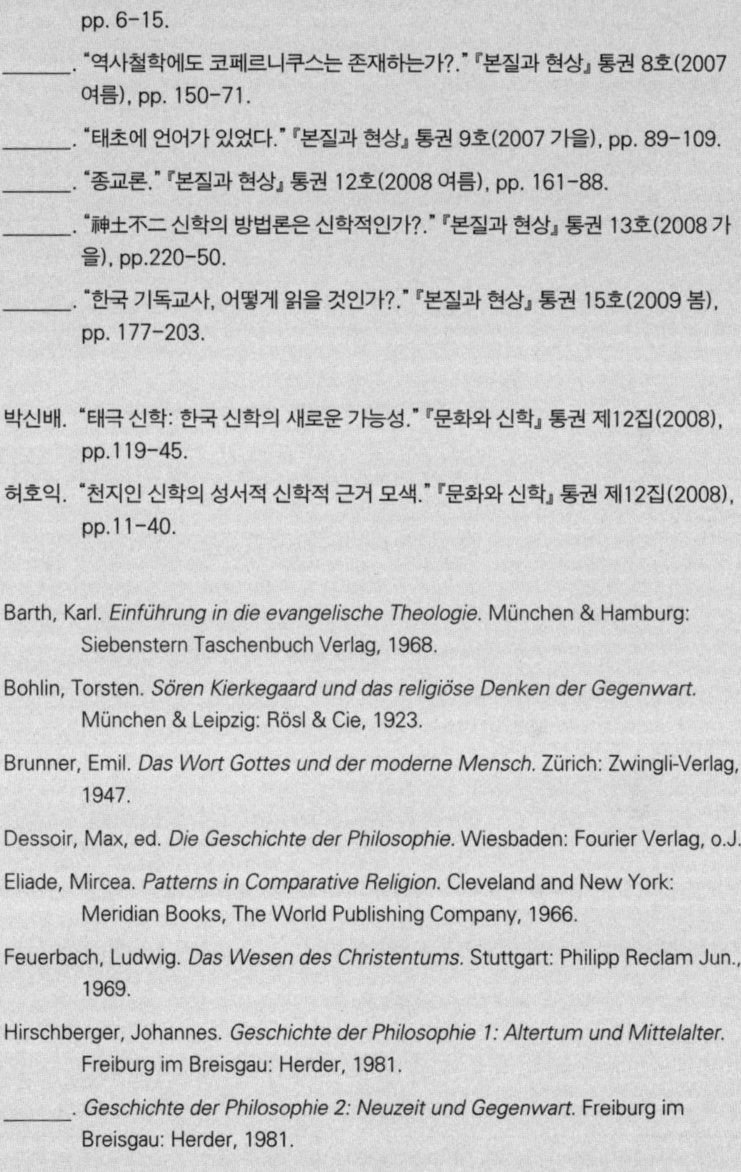

Barth, Karl. *Einführung in die evangelische Theologie*. München & Hamburg: Siebenstern Taschenbuch Verlag, 1968.

Bohlin, Torsten. *Sören Kierkegaard und das religiöse Denken der Gegenwart.* München & Leipzig: Rösl & Cie, 1923.

Brunner, Emil. *Das Wort Gottes und der moderne Mensch.* Zürich: Zwingli-Verlag, 1947.

Dessoir, Max, ed. *Die Geschichte der Philosophie.* Wiesbaden: Fourier Verlag, o.J.

Eliade, Mircea. *Patterns in Comparative Religion.* Cleveland and New York: Meridian Books, The World Publishing Company, 1966.

Feuerbach, Ludwig. *Das Wesen des Christentums.* Stuttgart: Philipp Reclam Jun., 1969.

Hirschberger, Johannes. *Geschichte der Philosophie 1: Altertum und Mittelalter.* Freiburg im Breisgau: Herder, 1981.

______. *Geschichte der Philosophie 2: Neuzeit und Gegenwart.* Freiburg im Breisgau: Herder, 1981.

Osborn, Eric Francis. *Justin Martyr.* Tübingen: J. C. B. Mohr(Paul Siebeck), 1972.

Otto, Rudolf. *Das Heilige: Über das Irrationale in der Idee des Göttlichen und seine Verhältnis zum Rationalen*, 23. bis 25. Aufl. München: C. H. Beck'sche Verlagsbuchhandlung, 1936.

Panikkar, Raimon. *Christophany: The Fullness of Man.* Maryknoll, New York: Orbis Books, 2004.

Schleiermacher, Friedrich Daniel Ernst. *Der Christliche Glaube nach den Grundsätzen der evangelischen Kirche im Zusammenhange dargestellt*, 2. Aufl.(1830-1831). Berlin & New York: Walter de Gruyter, 1980.

Selge, Kurt-Victor. *Einführung in das Studium der Kirchengeschichte.* Darmstadt: Wissenschaftliche Buchgesellschaft, 1982.

Tillich, Paul. *Systematische Theologie,* Band I. Stuttgart: Evangelisches Verlagswerk, 1956.

______. *Systematische Theologie,* Band III. Stuttgart: Evangelisches Verlagswerk, 1966.

Von Campenhausen, Hans Freiherr. *Griechische Kirchenväter.* 4. Aufl. Stuttgart: Kohlhammer, 1967.